星曜變異篇

東方星理學④

Oriental Astrology * Four variations of Stars

◆

標記人生藍圖高峰低谷的方向指南

東方星理學創始人．紫微斗數泰斗 天乙上人——著

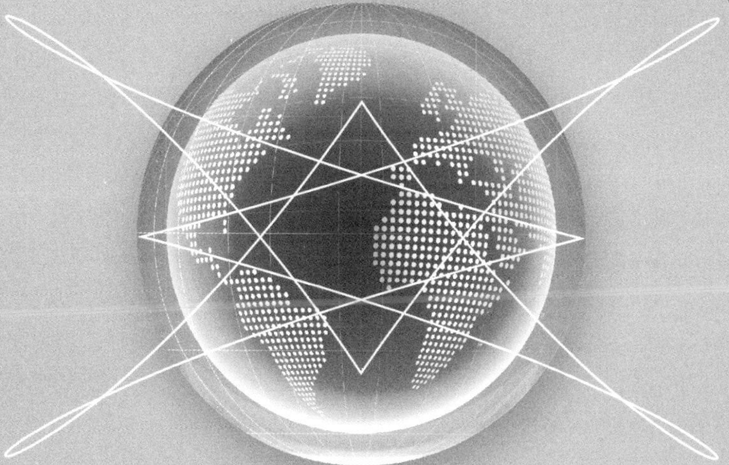

在熟悉東方星理學前三冊所討論的人格特質，區塊重心，以及雙星格局之後，
本書主要描述東方星理學星盤中的四顆星：
資源星、掌握星、顯耀星、阻礙星。

這四顆星並不是「真的」星曜，而是星盤中諸星的「四種變異型態」，
也就是說，變異星具有改變性的作用，

加上資源星＝變多、變富、有口福、有緣分；
加上掌握星＝變集中、變得有執行力、有掌控力；
加上顯耀星＝變有名氣、有貴人、被曝光；
加上阻礙星＝變收斂、有是非、挫折、欠缺。

這是人生藍圖中的重要標記，
標記出人生的高低起伏，一個人最重視的主題、最容易受挫的地方。
掌握了這四顆變異星的特徵和落點，便可掌握人生起伏的關鍵，
提前為自己做好部署與準備。

東方星理學創始人．紫微斗數泰斗

天乙上人

作者簡介

畢生鑽研斗數系統，潛心著作、教學四十年，十年前開始研發以「圖像符號」代替星座名稱，並以古代宮廷的人物，爲古老的紫微斗數賦予全新生命力。

「東方星理學」的詮釋現代化，是爲了讓年輕世代易於接受、吸收，研發過程融入西方心理學與大數據統計學，並以此克服這門學問無法跨越語言翻譯的障礙，最大的期望，便是能藉此將東方占星學弘揚國際，爲傳統文化盡一份棉薄之力。

經歷

- 社團法人中華民國占驗紫微學會—創會理事長
- 占驗法門第五十四代掌門人
- 復華易學研究院院長
- 四十年執業經驗，授生五十期，學生近六百人，分布世界各地

著作

- 現代斗數眞訣（共六冊）
- 占驗紫微PMP（共六冊）
- 紫微通鑑（共十四冊）

- 紫微斗數命例眞解三百例（共三冊）
- 占驗夢境乾坤（共三冊）
- 占驗姓名學（共二冊）
- 東方星理學＊單星篇
- 東方星理學２＊區塊篇
- 東方星理學３＊雙星互聯篇
- 東方星理學４＊星曜變異篇

得獎記錄

- 《東方星理學》榮獲二〇一三年歐盟（比利時）國際發明展（文化類）金牌獎
- 羅馬尼亞國家研究院金牌獎
- 波蘭國家發明聯合總會金牌獎。

東方星理學星盤下載＆購買網址

www.skyfate.tw

作者序
完結篇

民國六十八年（西元一九七九年）五月，老夫在一個無心插柳的機緣下，接觸到中華傳統文化國學這一門玄妙的學問，在一股好奇心驅使下，一頭栽進這個領域，迄今已過四十三個年頭。這佔據了一個人生命中最珍貴的青春歲月，一路走來備極辛苦，但始終如一，不忘初心，持續研究、教學、寫作，將研究成果透過教學與寫作分享大眾。

我非常喜歡手握鉛筆寫作的扎實感受，更熱愛動腦、抒發創新想法，感覺自己像在進行一項巨大的工程和任務，神聖而愉悅。然而四十餘年的熬夜過勞寫作所引發的職業病（右手肩骨已變形），已無法支撐我繼續這項熱愛的工作。

歲月不饒人，老夫已是耄耋之齡，人生義務已盡，責任已了，完成這本書後心願已圓，我的任務也結束了。本該是含飴弄孫的年歲，卻在昏暮之年立志寫完這套書，這簡直是自找苦吃。最後這本書付梓後，即是老夫正式放下、告老、封筆之時，這套《東方星理學》算是我最後遺作了，期待後學者接棒，繼續將這門古老文化傳承下去，發揚光大，在中華傳統文化國學領域中，我已鞠躬盡瘁。

感謝長期以來一直在背後鼓勵、支持我的貴人們，也感謝所有學生、粉絲、看倌老爺夫人們的愛護，天乙的世代已劃下句點，不要太想我喔！

天乙　合十

二〇二二年　仲秋

目錄

目錄

正學士星

副學士星

什麼是「星曜變異」？

《東方星理學》系列，在此正式進入第四部完結篇，前面三本在討論過單星特質、區塊含義、以及雙星互聯產生的格局之後，接著即將進入眞正的精髓——足以改變星曜原本性質，並影響整個星盤架構的「星曜變異」階段。

在東方星理學的諸多星曜中，其中只有主星和副星共十六顆會在原本的星性特質上，做出加強正面或負面特質的變化，而這樣的變化有四種方式：加入資源星、掌握星、顯耀星、阻礙星。也就是說，某顆星若加入這四顆變異星後，星曜特性會產生質的變化，分別像是：變多、變集中、變知名、變麻煩。前三種變化方式多半視爲吉，最後一種阻礙星則視爲不佳，但實際上到底吉或不吉、好或不好，須看事件而定。

使星曜產生變異的「四顆變異星」

如上所述，這四顆星分別是：資源星、掌握星、顯耀星以及阻礙星。

雖然我們將它們稱爲「四顆星」，但其實這四顆星，並不是「眞正的主星」，而是星曜所可能產生的「四種變異性」，也就是星曜可能產生的四種變化效果。這四顆星只是伴隨在主星之側，落入、加入哪一顆星，就會對那顆星直接產生質變的效應，引動那顆星不同方面的影響力。

舉例來說，加入資源星的星曜，相當於這顆星曜的性質被擴張了、增加了；加入掌握星的星曜，特質將更集中、更有權威性；加入顯耀星的星曜，被美化了、被注意到了；加入阻礙星的星曜，則是受到挫折、阻礙、或是欠缺。

再例如，顯耀星有變亮、名聲上揚、知名度上升、曝光亮相等等含義，但並非專指好事，劈腿被曝光、做壞事被抓包、上新聞被熱搜等等都算，所以並不是看到資源星、掌握星、顯耀星就是好，阻礙星就不好，必須綜合判斷才行。

「變異」，代表星曜特質產生變化了，變化成怎麼樣？要看被化的星曜特性是什麼，是從這顆星的主調來變化的。有些星的星性很分散，掌握星加入這顆星之後，可讓星性變得集中，就像近侍星，掌握星加入之後可讓近侍星原本不易專注的特質轉爲集中，發揮近侍星的正面能量；但有些星性本就剛毅，若再加入掌握星，權力集中，性質更專一了，反而更沒有變通的餘地，性格變得更固執己見，就像司庫星一樣。

由此可見，星盤上的這四顆小星貌似不起眼，但能量不容小覷。星盤中，主星如同建構起一個人的骨架，格局是皮相，而這四顆變異星，則是會隨時間調整改變的變動因素。如同天生身材高　體態好的人（主星旺、格局好），再加上外在環境搭配得當的情況下（四顆變異星落點恰當），代表此人天生資源多、人緣好、諸事順利；若是營養不佳發育不良的身材（主星落陷、格局不佳），加上環境條件不優（四顆變異星落入的區塊不佳），那麼代表此人資源缺乏、無法調理改善，甚至可能命運多舛。

因此，這四顆變異星在東方星理學中所扮演的角色，是為了讓星盤更精確，更多元發展，星盤就像一張人生地圖，只有主星，就像只標出大小城市地標而已，加上四顆變異星，像是標出景點，哪裡有好風景、哪裡有路障才能一目瞭然。這四顆變異星可以影響整個星盤組合的好壞、吉凶，使格局產生重大質變。有的組合剛好可以互補不足，有的組合則只會幫倒忙，毫無助力。世上千千萬萬張星盤，同一個盤，不同年分出生，搭配上不同的變異星，命運落點便大不相同。

變異星落在哪裡？

前面提到過，會產生四種變異的星曜共十六顆，依照出生年分，每一年會有不同的四顆星產生「變異」，而變異的星曜，與其落定的區塊，就是重點影響運勢之所在。

每一年都會有四種變異星：資源星、掌握星、顯耀星、阻礙星，依照不同年分，分別加入到不同的四顆星曜中，分別是：

西元年尾數和天干的對照表：

西元年尾數	天干
4	1
5	2
6	3
7	4
8	5
9	6
0	7
1	8
2	9
3	0

西元年尾數和變異星曜對照表：

西元年尾數	天干	變異星曜
4	1	資源星落於**使節星**、掌握星落於**前鋒星**、顯耀星落於**副學士星**、阻礙星落於**王爺星**
5	2	資源星落於**軍師星**、掌握星落於**監察史星**、顯耀星落於**皇帝星**、阻礙星落於**皇后星**
6	3	資源星落於**貴妃星**、掌握星落於**軍師星**、顯耀星落於**正學士星**、阻礙星落於**使節星**
7	4	資源星落於**皇后星**、掌握星落於**貴妃星**、顯耀星落於**軍師星**、阻礙星落於**密探星**

8	5	資源星落於**近侍星**、掌握星落於**皇后星**、顯耀星落於**右護法星**、阻礙星落於**軍師星**
9	6	資源星落於**司庫星**、掌握星落於**近侍星**、顯耀星落於**監察史星**、阻礙星落於**副學士星**
0	7	資源星落於**王爺星**、掌握星落於**司庫星**、顯耀星落於**貴妃星**、阻礙星落於**總管星**
1	8	資源星落於**密探星**、掌握星落於**王爺星**、顯耀星落於**司庫星**、阻礙星落於**正學士星**
2	9	資源星落於**監察史星**、掌握星落於**皇帝星**、顯耀星落於**宰相星**、阻礙星落於**司庫星**
3	0	資源星落於**前鋒星**、掌握星落於**密探星**、顯耀星落於**皇后星**、阻礙星落於**近侍星**

例如：以圖一星盤爲例，此人西元一九一七年國曆一月十八日生，西元年尾數爲7，對照天干則爲4。

不過要特別注意的是，因爲東方星理學是**以農曆為準**，一九一七年要到國曆一月廿三日才是正月一月一日，才算眞正進入新的一年，因此這位命盤主人的出生年仍屬一九一六年，西元年尾數是6，對照天干應是3，這一年會產生變異的星曜是：資源星落於貴妃星、掌握星落於軍師星、顯耀星落於正學士星、阻礙星落於使節星。

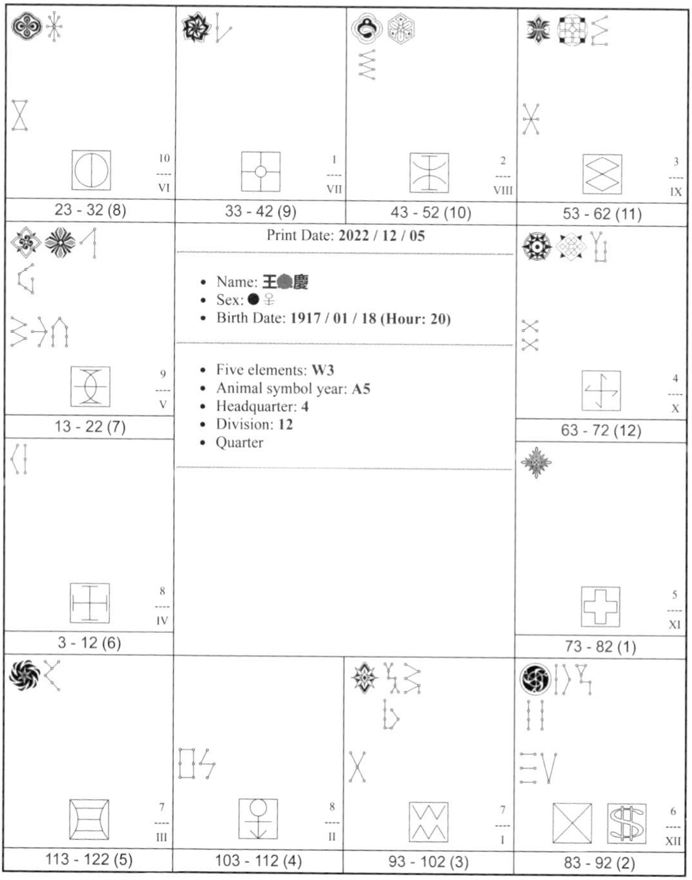

圖一：東方星理學以農曆為準，此人仍應算是1916年生，天干為3。

四顆變異星的特質

資源星特質

❖ **資源星所代表的意義是**：有福氣、與之有緣分、有口福、以及數量增加的意思。

❖ 當資源星落入總部、財政區塊、房產區塊、或是分部時，象徵錢財增加。若此時是財星司庫星加入資源星的話，那更有如財神爺加持一般，賺錢都有你的份，喜歡賺錢、也會賺錢，令人羨慕。

❖ **資源星入六親區塊**：代表與六親之間的緣分較深。若資源星落入六親任一個區塊，就表示會對那個區塊特別好，也可能代表「增加」之意。因此，若資源星落入婚姻區塊，要小心感情太豐富會增加婚姻的不穩定性，並注意「增加對象」的可能。

❖**資源星入總部**：代表此人有口福，食量大、不挑食，愛吃又能吃，怎麼吃也不胖。同時顯示此人童年時好玩，不愛讀書，吃喝玩樂享受多。

❖**資源星入其他區塊**：

1 入手足區塊：對兄弟姊妹照顧，必須對他們好、主動付出，如果同區塊內有煞星，則是一味付出沒有回報，有去無回。

2 入婚姻區塊：信任、疼愛另一半。不過婚姻區塊有資源星也代表增加對象，因此也有異性緣不錯、散發吸引力的意思。

3 入晚輩區塊：對子女好、相當疼愛子女；晚輩區塊也是性需求區塊，代表需求旺盛；另外也代表可能有非己出（不是自己生）的孩子。

4 入財政區塊：代表手上可用現金較寬裕，如果資源星的星座是財星更好，賺錢容易與財神爺有緣。另外**財政區塊中落入資源星的主星，也是選擇職業的重要指標。**

5
入健康區塊：這是與身體健康有關的位置，資源星也代表與疾病有緣，可能是藥罐子；健康區塊除了掌管健康之外，也管情緒，資源星在此也代表此人生性樂觀、懶散、欠缺衝勁。

6
入外緣區塊：適合離開出生地發展。在外人緣好、或喜歡往外跑，個性比較外向，適合從事外務的工作類型。

7
入朋友區塊：人緣好朋友多，對朋友付出、慷慨，可爲朋友兩肋插刀的類型，對下屬也很照顧。但對人好不一定就會互動好，也不一定可得到同樣的幫助回饋。

8
入行政區塊：代表工作認眞、敬業，並且可參考資源星落入的主星屬性來選擇行業類型。**資源星在這個區塊也代表行業增加，可以兼職或斜槓，多角化經營。**

9
入房產區塊：代表有祖先庇佑，只要這個位置沒有被煞星沖破，可得祖產。**資源星入房產區塊的人也喜歡儲蓄、置產，適合從事不動產方面的投資。**

10 入欲望區塊：代表此人樂於安逸，要吃好、穿好，不喜歡賺太累的辛苦錢。精神上想得開、放得下，年紀越大較豁達。資源星也代表食祿，有口福，賺錢也比較容易。

11 入基因區塊：對父母孝順，父母的意見可以左右命主的想法和觀念，親子溝通較無代溝。

資源星注意重點

✓ 資源星不喜落在四個位置（II V VIII XI），資源星的特質會受到壓制，正面影響力降低，優勢發揮得不明顯。

✓ 資源星不宜與阻礙星或煞星同區塊，易有是非糾纏和麻煩。對面區塊也不宜有煞星來沖，資源星被沖破，如同吉處藏凶，不易防範。

✓ 資源星的三方（財政區塊、行政區塊、外緣區塊）喜歡遇到掌握星和顯耀星。遇掌握星，如同理想和計畫具備執行的能量，爲人也較有魄力和衝勁；若遇顯耀星，亦是多貴人相助，且名利雙收。

掌握星特質

❖ **掌握星所代表的意義是**：有掌控欲、主觀、強勢、有衝勁。同時也代表雙數，例如手足區塊有掌握星，除了會插手管兄弟的事情，也代表手足的總數是雙數。

掌握星在個性方面的表現，是主觀意識強烈，有掌控欲，喜歡發號司令，態度較強勢霸道，不易接受他人意見，喜歡權力在握的感覺，管理能力強。

掌握星也是計較之星，凡事多愛計較；因有掌控欲，所以責任心強，懂得自我鞭策。

❖ **掌握星入六親區塊**：代表要管、要控制那個區塊的對象，除了婚姻區塊的是把權力交給對方之外，其他六親區塊的權都是要管對方。

❖ **掌握星入總部**：喜歡管人、適合當主管，喜歡表現，充滿自信。掌握星的人不說沒把握的話、不做沒把握的事，所以說話做事有分量，容易受到敬重，作風明快乾脆。

❖ **掌握星入其他區塊**：

1 入手足區塊：兄弟姊妹間容易有意見爭執，但仍比較尊重你的意見，有困難會向你求助。

2 入婚姻區塊：權交給另一半，比較尊重配偶的意見。但權也代表雙，亦可能出現嚴官府出逆賊的狀況。

3 入晚輩區塊：疼小孩，對小孩要求比較高，子女的數量多爲雙數。晚輩區塊也代表性需求，掌握星入晚輩區塊代表性需求高。

4 入財政區塊：掌握星入財政區塊，掌財的欲望相當強烈，同事個人信用方面的使用率較高，計劃理財、或是執行理財規劃的能力較強。

5 入健康區塊：須看被變異的主星性質而定。行運若是掌握星入健康區塊，代表病情會顯現，此外也表示性能力較強。

6 入外緣區塊：在外人緣好，個性較外向，在外說話有分量，對環境的適應力強。

7 入朋友區塊：愛掌權的星入朋友區塊，在朋友或同事面前多半是意見領袖，喜歡指揮、發號施令，朋友有困難也喜歡找你商量。

8 入行政區塊：在工作事業上的掌權欲望強烈，代表事業心重，對工作狂熱，能力也容易被肯定和賞識，升遷機會比較快且多，且大多都會兼職或斜槓雙職。

9 入房產區塊：掌權星主雙，入房產區塊代表有兩個住所、兩頭跑，或是名下有兩份資產；在家很霸道。

10 入欲望區塊：固執，不放心別人做事、總覺得別人都做不好，自己來比較安全，因此也代表勞碌，心態上沒安全感，或是到老都不願意移交財產。

11 入基因區塊：家中或父母管教嚴格，與長輩較容易出現代溝。最好是認義父母，若手足區塊有資源星、或是近侍星時，父母可能離異並再婚。

掌握星注意重點

✓ 掌握星所加入的星曜必須在旺地，才有實權實力。如果是柔弱的星曜加入掌握星，代表的只是虛權而已，又或是個性不通情理、很難被說服，嘮叨碎念惹人嫌。

✓ 女性的星盤若總部有掌握星，個性果斷有魄力，說話宏亮，作風強勢且乾脆不囉唆，。

✓ 行運逢掌握星時，代表有衝勁、有執行力，必有一番作爲，是一個突破舊環境、開創新局的象徵。

✓ 落陷的主星加上掌握星，象徵思變無力，很想有一番作爲，但心有餘而力不足。

✓ 強勢的星座加上掌握星，等於更霸道更強勢，凡事一意孤行，不聽勸告。

✓ 掌握星也帶有「要」的意思，健康區塊若有掌握星，代表「要」生病了，也代表可能有兩種病症。

✓ 財政區塊若有掌握星，代表會管錢、要管錢，不會把錢交給別人管，理財方式多元。不過不一定代表有錢，有時反而會管出問題或麻煩。

顯耀星特質

❖ **顯耀星所代表的意義是**：名聲、愛表現、愛美，喜歡被關注。顯耀星也代表容易遇到貴人，有助於學業考試，文筆不錯。同時也有美化的含義，例如顯耀星入婚姻區塊，代表配偶外型好看，並且對當事人有助力。

顯耀星代表了顯現、曝光，因為被看見所以帶來名聲，不過名聲有好有壞，因此需注意是什麼星座加入顯耀星，以及落入什麼區塊而定。

❖ **顯耀星入六親區塊**：對方有名聲、有成就，外型好看，感情不錯。

❖ **顯耀星入總部**：愛美、注重外表或穿著時尚，也代表善於偽裝；同時心地善良喜歡幫助他人。

❖ **顯耀星入其他區塊**：

1 入手足區塊：彼此間感情不錯，覺得自己有責任照顧兄弟姊妹，自己是對方的貴人，手足情緣深且長。

2 入婚姻區塊：配偶外型好看，或是家世背景不錯，能得到配偶助力。

3 入晚輩區塊：子女有成就，功課不需父母操煩，且有專業天分。

4入財政區塊：財位有顯耀星，代表財產曝光，也就是漏財，不適合掌財或理財，欠缺理財觀念。

5入健康區塊：身體健康的位置顯耀星，代表愛惜身體、怕死，有點小毛病就要去大醫院，喜歡找名醫才放心。

6入外緣區塊：注意自己的形象，出門多會打理服裝儀容；注重名聲、愛面子，在外人緣好，且容易遇到貴人。

7入朋友區塊：朋友會給你取綽號；與朋友往來時樂於雪中送炭，朋友間情誼持久。

8入行政區塊：顯耀星入象徵事業的區塊，適合擔任公職，或在大型企業服務，事業的波動較小；如果自己創業，肯花錢曝光打廣告。

9入房產區塊：家教良好，或家裡佈置整潔高雅（尤其是客廳門面）；或是住的地方有名氣（陶朱隱園、帝寶、七期之類）或好記。

10 入欲望區塊：注重精神享受，年紀越大越愛打扮；個性愛面子；年紀越大會提前做生涯規劃，老了較少煩惱。

11 入基因區塊：有長輩庇蔭，與父母間感情不錯溝通良好；父母可能擔任公職，或是頗具知名度。

顯耀星注意重點

✓ 顯耀星，也代表文書、契約、有價證券、消息訊息。

✓ 顯耀星加入的星曜同樣必須位在旺地，若是落陷的主星加入顯耀星，代表爲人愛現、好虛名；落陷主星加上顯耀星入總部，代表必須燈火辛勤，非常忙碌。

✓ 行運時逢顯耀星，是個做計畫、規劃藍圖的一年。如果再逢掌握星、資源星，才會採取實際行動，也才是名聲上揚的開始。

✓ 落陷的星曜加上顯耀星，又逢煞星或阻礙星時，恐名聲受損，或是因爲名聲所累，帶來是非損失。

✓行運健康區塊逢顯耀星，代表變異的星曜所代表的病症會顯現出來，不過生病了也容易遇到好醫生。

阻礙星特質

❖**阻礙星所代表的意義是**：收斂、是非、挫折、損失、欠缺。挫折的緣由，依阻礙星所變異的主星特質而定，若是軍師星加上阻礙星，代表交通常有問題；若是財星司庫星加上阻礙星，則代表財務常出問題。

阻礙星表是非，因爲好管閒事，所以常常惹來麻煩，或遭人嫉妒。至於是怎麼樣的是非糾紛，則要看阻礙星加入的主星星性，以及落在什麼區塊而定。

❖**阻礙星入六親區塊**：與對方有代溝，感情疏離，或是彼此間容易產生是非糾紛。

❖ **阻礙星入總部**：代表奔波勞碌，個性外向，一生多是非挫折，較難一舉成功，中途多阻礙。

❖ **阻礙星入其他區塊**：

1 入手足區塊：兄弟姊妹間多紛爭，感情淡薄；一生欠朋友的人情債。

2 入婚姻區塊：夫妻感情容易遇到阻礙或挫折，溝通不良常常吵架；同時也代表事業常變動不順。

3 入晚輩區塊：代表子女有損，或是子女的成長過程讓你操心；此外也代表住所常變動，但家庭觀念濃厚。

4 入財政區塊：賺錢比較辛苦，因此會比較節儉，一生爲了賺錢而奔波勞碌，爲錢操煩，精神壓力重；夫妻間也多有聚少離多的現象。

5 入健康區塊：身體有何病症，要依行運時健康區塊內加入阻礙星的主星來判別病症。例如王爺星加上阻礙星，代表眼睛問題、血壓問題、頭痛。健康區塊有阻礙星，也象徵比較能孝順父母，個性勤快積極。

6 入外緣區塊：阻礙星在此代表外出不順，人際關係難以拓展，所以比較不喜歡外出，容易自我設限；遇到重大變故會先自我保護。

7 入朋友區塊：朋友間的往來容易產生是非糾紛和挫折，下屬無力或不穩定，一生欠缺得力助手；此外也需承擔照顧兄弟姊妹的責任。

8 入行政區塊：阻礙星落在象徵工作事業的位置，代表工作不順常有挫折，創業過程也多有阻礙；此外，對配偶體貼，十分照顧。

9 入房產區塊：代表住處不安寧，或是錢財難聚。女性懷孕頭胎易流產；對子女非常照顧。

10 入欲望區塊：阻礙星入精神領域，代表多思多慮多操煩，缺乏精神享受；此外也多代表花錢沒計畫。

11入基因區塊：和父母有距離，不易溝通；基因區塊對面是健康區塊，亦代表先天身體多病痛、抵抗力較差，要留意有遺傳性疾病。

阻礙星注意重點

✓ 旺的星曜加入阻礙星，只是有小挫折，但阻礙星對面區塊受到的影響更大。

✓ 弱的星曜加入阻礙星，破壞力更強，對所在區塊和對面區塊都有不利影響。

✓ 阻礙星入總部、外緣區塊、晚輩區塊、房產區塊，都代表變動，且容易有意外之災。

星盤中的十二區塊與代表含義

每個星盤都有十二個區塊，依照每個人總部落點不同，在總部就定位之後，再按逆時針方向依序落入：手足區塊、婚姻區塊、晚輩區塊、財政區塊、健康區塊、外緣區塊、朋友區塊、行政區塊、房產區塊、欲望區塊、基因區塊，一圈之後再回到總部來。

總部代表一個人的基本性格和人格特質，也是人與人各不相同、都具有獨一無二特質的源頭。若以總部落在II位爲例，呈現出來的星盤便如下圖。而每個人會因爲出生年月日時辰的不同，因此總部落點不一，但其他十一個區塊都是按逆時針順序落入。

行政區塊 VI	朋友區塊 VII	外緣區塊 VIII	健康區塊 IX
房產區塊 V	星盤中的十二區塊		財政區塊 X
欲望區塊 IV			晚輩區塊 XI
基因區塊 III	總部 II	手足區塊 I	婚姻區塊 XII

圖一：星盤中的十二區塊。

基本區塊和大限行運

無論是手排星盤，或是運用軟體排出的星盤，呈現出來的都會如前頁圖一一般的「基本十二區塊」，從中我們可以看出一個人的基本性格、與人互動的方式、以及理財、謀生之道等大致輪廓。

除了基本十二區塊之外，因人生不斷地往前運轉，星盤的總部落點也會依時間繼續推進，此時其他的十二區塊也會跟著轉移。

每一個區塊是十年，每十年則稱作一個「大限」。舉例來說，若是出生西元年尾數為單數的人，男性的大限會依逆時針運行，女性則會以順時針運行；反之，出生西元年尾數為偶數的人，男性的星盤大限會依順時針運行，女性以逆時針運行，如圖二。

這位一九八四年出生的男性，總部位於II，這是他第一大限總部的位置，如果時間推移之後，在他十二歲時，行運已走到第二大限，也就是圖中III位基因區塊的位置，而這個地方同時也是他第二大限的

第5大限 行政區塊 VI	第6大限 朋友區塊 VII	第7大限 外緣區塊 VIII	第8大限 健康區塊 IX
第4大限 房產區塊 V	1984 年農曆 5 月 8 日巳時 出生的男性基本星盤		第9大限 財政區塊 X
第3大限 欲望區塊 IV			第10大限 晚輩區塊 XI
第2大限 基因區塊 III	第1大限 總部 II	第12大限 手足區塊 I	第11大限 婚姻區塊 XII

圖二：基本星盤。

總部。

人生不斷往前爬格子，順爬或逆爬並沒有好壞之分，而是要看每一個大限的總部星宿組合好不好？三方會到的區塊中有沒有吉星或煞星？必須綜合觀察才能判斷一個十年大運是走高峰？還是落低谷？關係到人生中的重要抉擇和機遇。

星盤中十二區塊的代表含義

總部區塊

總部內的星曜，可主宰一個人的個性、人格特質、思想與心態，以及特有的外型長相和身材。

手足區塊

代表與兄弟間的互動狀態／直接影響朋友區塊／間接影響總部／可分析父母之間的互動狀態／與婆家、岳家之間的互動關係

婚姻區塊

夫妻之間的互動狀態／婚姻順逆／影響行政區塊（事業）的順利與否／配偶的個性與長相／不利婚姻的看法

晚輩區塊

分析子女的好壞／親子之間的互動狀態／意外狀況的判斷／直接影響房產區塊的穩定／性需求的判斷／生男育女的計算

財政區塊

象徵理財的區塊／顯示財運的旺弱／影響行業的選擇／代表物質享受／左右命格的高低

健康區塊

代表先天體質及病痛／代表心情及情緒／影響基因區塊及相貌／分析性能力的看法／痣的分佈位置

外緣區塊

直接影響總部／代表意外狀況／代表暗藏的個性／表示在外的活動力／人際關係的好壞／代表遠行、異動的位置

朋友區塊

與朋友、同事、部屬的互動狀態／與外緣區塊、行政區塊一同參看／事業成敗的重要指標／合夥人的好壞

行政區塊

行業的選擇／判斷股東的區塊／與上司的互動狀況／事業的順逆及異動／影響婚姻關係

房產區塊

住家環境及鄰居間的互動狀態／庫位（藏財之地）／直接影響晚輩區塊／宅運的吉凶與異動／顯示祖產的多寡

欲望區塊

表示心情、情緒（精神享受）／來財之源／老年的安享之位／影響命格

基因區塊

與長輩的互動狀態／父母的婚姻狀況／影響健康區塊，是否有遺傳疾病／影響命格

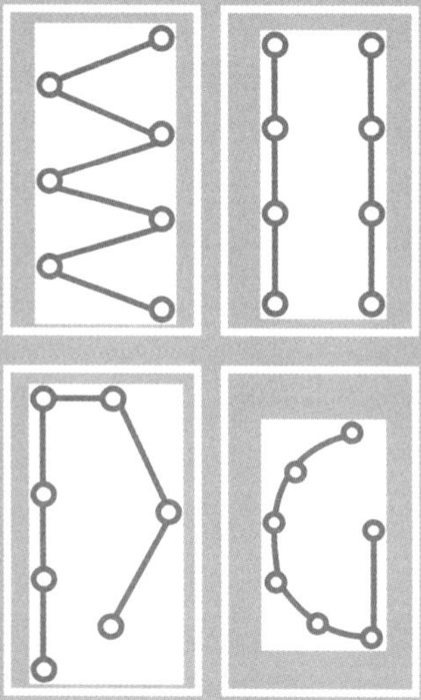

東方星理學中的
十六顆星曜及其變異星

皇帝星

Emperor
天皇
原爲：紫微星

皇帝星的變異

西元年尾數2：皇帝星＋掌握星
西元年尾數5：皇帝星＋顯耀星

皇帝星＋掌握星

★皇帝星是帝王之星，自帶氣勢和威儀，再遇到象徵權力的掌握星時，權威性更強，喜歡發號施令，不喜歡別人反駁或有相反意見，個性主觀霸道，我行我素。

因爲太自信霸氣，喜歡呼風喚雨，不容許不同意見，因此容易讓人反彈。身爲主管或老闆時，若沒有會到左、右護法星，便只能一個人威風，指揮不動員工，底下人陽奉陰違或敷衍，反而做事吃力沒有援手。

☆皇帝星加上掌握星，不在乎別人想法，凡事喜歡自己做決定，不會多詢問他人意見，就算別人反對也一意孤行，聽不進別人勸告。

一己之力有限，成功必須借助眾人之力，皇帝星如果會到左護法星、右護法星、正學士星、副學士星、科舉星、貴人星，相當於增加助手助力，如虎添翼一般，提出的意見有人贊同、覆議、執行，有了這些輔助星，皇帝星的想法和指令才有實際威力，有付諸實現的可能。

☆皇帝星加掌握星入六親區塊時，表示彼此間觀念不同，且對方固執、主觀，難以溝通。特別是入婚姻區塊或晚輩區塊時，各持己見互不相讓，難免會有爭執。

皇帝星＋掌握星入其他區塊

1 手足區塊：掌握星主雙，在此代表兄弟姊妹人數爲雙數，且彼此之間會爭當老大，互不相讓。

2 婚姻區塊：另一半霸氣，意見多，管得也多，皇帝星在任何區塊都是老大，加上掌握星則個性態度更霸道。若逢澇神星則威力大減，但仍會嘮嘮叨叨。

3 晚輩區塊：小朋友從小就有自己的風格和意見，不愛聽父母意見，溝通困難，得多花心思。

4 財政區塊：掌握星進入象徵金錢、理財的位置，代表喜歡掌財權，也代表理財能力不錯。

5 健康區塊：皇帝星屬土，加入掌握星後，代表脾胃欠佳，容易胃脹氣，經常打嗝或排氣。

6 外緣區塊：代表可得到年長貴人助力；做事堅持力不錯，必要時刻常都能堅持到底。

7 朋友區塊：皇帝星本帶有權威，再加上掌握星，代表更要管、更愛發號施令。這麼強勢的星曜進入朋友區塊，代表朋友愛管你，或是下屬氣勢強，指揮不動員工。

8 行政區塊：在工作上能掌權，也代表升官快，或是有兼職機會，可能雙職並行。

9 房產區塊：住家多是高樓，或者位在地勢的高處；也可能有雙住所。

10 欲望區塊：象徵老大的星曜加上掌握星入欲望區塊，代表越老越主觀固執，嘮叨且難溝通。

11 基因區塊：父母管教嚴格，家裡比較傳統；也代表親子間不太溝通，多半是單向下指令，較少商量討論。

皇帝星＋顯耀星

☆皇帝星天生自帶光芒，本就是眾所矚目的焦點，再遇到喜歡出風頭的顯耀星，就顯得有點多此一舉了。就像期末考試考了全校第一名，另外又得了英語演講比賽第一名、論文比賽第一名，名單上老是出現他的名字，多才多藝到令人嫉妒。

☆顯耀星也代表求知欲、學習欲望強烈，或是有多方面的興趣或才藝，對於各方面的資訊和新知也會認眞吸收，所以言之有物，當然口才也很不錯。

☆顯耀星也有愛表現的意思，有機會就要展現一下，因此多愛高談闊論、發表意見，對自己的外型也會特別在意，懂得打扮，很在乎別人對自己的眼光和評價。所以皇帝星加上顯耀星不宜再加上正、副學士星，以免太自傲、鋒芒太露，反而讓人反感、嫉妒。
顯耀星入六親區塊都屬不錯，因爲顯耀星也代表貴人，所以皇帝星加上顯耀星所落的位置，也是遇到困難或緊急狀況時，可以爲你提供助力的人選。

皇帝星＋顯耀星入其他區塊

1 手足區塊：受人注目的焦點是兄弟姊妹，對方亦是你的貴人。

2 婚姻區塊：另一半對你有助力，或是有名氣、外型好看。

3 晚輩區塊：小孩聰明伶俐、多才多藝，同時也有主見，互動方式必須要經常溝通討論。不過小孩學習能力強，父母容易被看扁。

4 財政區塊：顯耀星愛表現，落入象徵金錢財政的位置，就如同錢財露白，喜歡彰顯自己的消費力，慷慨大方花錢不手軟，所以不聚財、亦不善理財。

5 健康區塊：容易胃脹氣，習慣性打嗝或排氣。

6 外緣區塊：外出常遇年長貴人照顧或提攜。

7 朋友區塊：交往的多是比自己年長的友人，也多可得到朋友助力；職場上也可遇到能力不錯的員工下屬。

8 行政區塊：皇帝星主官貴，入行政區塊正是適得其所，天生適合當主管，有領導力，最適合入大型企業或公家機關，升遷運不錯。

9 房產區塊：喜歡選擇住在高處、高樓；或者代表祖先多庇蔭，童年生活優渥。

10 欲望區塊：皇帝星雖然代表有威儀，但喜歡表現的顯耀星入欲望區塊，反而年紀越大越有童心。

11 基因區塊：父母是你的貴人，或是彼此較常溝通討論，互動不錯。

軍師星

Military adviser

參謀

原爲：天機星

軍師星的變異

西元年尾數5：軍師星＋資源星

西元年尾數6：軍師星＋掌握星

西元年尾數7：軍師星＋顯耀星

西元年尾數8：軍師星＋阻礙星

軍師星＋資源星

☆軍師星是變動星，好動，但不一定是肢體的動，而是特別喜歡動腦，喜歡益智遊戲、腦力激盪，腦袋無時無刻轉個不停。軍師星如果遇到象徵增加的資源星，代表變動的機率和次數更多，轉得太過頻繁，變動星反而變成浮動星，靜不下來，個性更不易穩定。

☆資源星也代表財，但軍師星加上資源星卻不一定代表收入會增加，而是象徵錢的流動性更大、更快，因此可選擇流動性高的行業，像是物流、快遞、或是門市銷售、買賣。

軍師星是變動、流動的，資源星代表錢的流動，亦可從事現金流的行業，中盤、經銷商也算。

☆軍師星是顆智慧星，加上資源星後更加強了腦袋的運轉速度，想法多、腦筋轉得快，適合創作、研發、或從事軟體設計、廣告創意等需要大量消耗腦力的工作。

若是總部的三方（財政區塊、行政區塊、外緣區塊）有軍師星加上資源星，也可以自營個人工作室，從事創意類發想、設計、詞曲創作、作家等類型的工作。

☆ 軍師星加上資源星入六親區塊時，除了代表增加之外，也有短暫利益輸送的含義，但並非長久的贈與，所以在需要周轉的時候，可向軍師星加上資源星的區塊尋求協助。

軍師星＋資源星入其他區塊

1 手足區塊：軍師星也是兄弟星，入手足區塊適得其所。兄弟姊妹間感情不錯，互動良好，可以共同創業。

2 婚姻區塊：對方的感情狀態總是忽冷忽熱較難捉摸，互動雖不錯，但總感覺不穩定、有變數；或是你也容易有其他的感情發展機會。

3 晚輩區塊：疼小孩，或可能有非婚生子女；子女需認義父母。

4 財政區塊：軍師星加上資源星入財政區塊，代表金錢流動率大，現金週轉速率快。

5 健康區塊：動星入健康區塊，吃東西速度快，容易消化不良，或喜歡速食產品，小心虛胖。

6 外緣區塊：有許多外出遠行的機會；或是像小蜜蜂一樣勤快忙碌，靜不下來。

7 朋友區塊：對朋友好，與人互動坦白直率；不過朋友也來來去去，數量多但不見得深交。

8 行政區塊：軍師星加上資源星在象徵事業的位置，代表想法很多，在工作上有很多創意，樂在工作。同時也有多方面才藝，可以斜槓或身兼數職。

9 房產區塊：家中佈置擺設常常大風吹，或是變換風格；搬家次數也比較頻繁。

10 欲望區塊：軍師星也是投機星，加上資源星在欲望區塊，代表喜歡安逸享受，不愛勞累，如果可以選擇，喜歡挑輕鬆省力賺錢快的行業。

11 基因區塊：父母可能離異後再婚，或是認義父母；也可能承接另一房的香火。

軍師星＋掌握星

☆ 軍師星本就擅長策劃、謀算，要做一件事，會在腦袋裡轉好幾圈，用各種角度想好幾遍，直到算出最有利的結論。

當軍師星加上掌握星，則更加強了靈活度和權威性，智慧星增加了專注力，更懂得機動應變，因此相當適合在幕後出謀劃策，擔任幕僚和顧問。但軍師星也帶有賭性和投機性，如果軍師星加掌握星遇到賭博性遊戲，那麼喜歡動腦運算、記牌算牌、計算機率等等賭性堅強的一面就會被激發出來，容易沉迷其中，必須特別注意。

☆ 軍師星特別喜歡數字遊戲，算規律、算機率、研究股票曲線圖，這些都屬於軍師星的愛好範圍。軍師星喜歡腦力勞動，不喜歡體力勞動，省力賺錢（靠腦力）是軍師星的優先選項。

☆軍師星象徵變動，行運遇到軍師星加掌握星，正是重大計畫發生轉變的時刻，可讓整個局面改變。例如原本諸多不順，但遇到軍師星加上掌握星的時候，便可能突然大逆轉，逆風反而變成一路順風。

☆軍師星加上掌握星入六親區塊，除了代表雙數，也可能過繼、領養；掌握星亦代表爭執，所以也可能是彼此意見不合，常常衝突吵架。

軍師星＋掌握星入其他區塊

1 手足區塊：兄弟姊妹間互不相讓，容易因細故互有不滿，或是有利益衝突。如果再逢皇后星，代表手足間會爲了祖產而爭執。

2 婚姻區塊：雙方常因意見不合、誰對誰錯、誰聽誰的而爭執，互不相讓。

3 晚輩區塊：對小孩的要求高，管教嚴格，容易出現代溝；小孩可以認義父母。

4 財政區塊：掌握星入財政位置，代表喜歡掌財，對於金錢的流動運作很熟悉，但不一定是會理財，通常是很會週轉，錢財的運用很靈活。

5 健康區塊：想得多、腦袋停不下來，所以容易焦慮、失眠，或是有筋骨方面的問題。

6 外緣區塊：喜歡往外跑，在外有號召力，同時也在意自己的外在形象和表現。

7 朋友區塊：交往的多是平輩、或年輕的朋友，在朋友或同事面前是意見領袖；相對的，遇到的貴人也多是年紀較輕的朋友。

8 行政區塊：工作上想法多、懂得應變，適合從事設計、企劃、物流等行業。

9 房產區塊：在家也閒不下來，愛管愛念、東摸摸西擦擦，跟管家婆一樣。如果掌握星再加上煞星，簡直是家裡的霸王，會欺負家人。

10 欲望區塊：個性多變，但又固執挑剔，年紀越大越愛指揮，性情越難捉摸。

11 基因區塊：軍師星加上掌握星，不像皇帝星加上掌握星那樣專制，雖然一樣管得嚴，但可以有商量的餘地，彼此間的互動比較平和，相較之下親子間的關係不錯。

軍師星＋顯耀星

☆ 軍師星是動星，本來就閒不住，加上外向、喜歡表現的顯耀星，代表外出時可得貴人助力，活動力旺盛，適合從事外勤工作。

☆ 顯耀星主名聲，但軍師星是變動星，有流動性，所以當軍師星加顯耀星時，代表這個名聲並不是固定長久的，性質上只是短暫性、有效期性的出名而已。

☆軍師星是智慧星，顯耀星主貴人，軍師星如同璞玉，很需要會合科舉星、貴人星、顯耀星的支持和機遇，能得遇貴人伯樂，軍師星的才華才可能有被欣賞和發揮的機會與空間。此外，流年逢軍師星加顯耀星時，代表名聲顯揚、知名度上升，也是新目標開始的計畫年度。

☆軍師星聰明，顯耀星加倍聰明靈活，因此這個組合的學習力更強，還可以舉一反三、觸類旁通。但軍師星變動性高，因此必須引導往正向發展，否則一走偏，很有機會成爲智慧型犯罪人物，例如設計詐騙、投機取財等等。

☆軍師星加上顯耀星入六親區塊，如同善於謀劃的軍師星被顯耀星包裝起來，因此互動上只有表面上的平和，實際上可能各有盤算，甚至可能互相算計。

軍師星＋顯耀星入其他區塊

1 手足區塊：手足間表面互動不錯，私下則互相比較。若又加上煞星，不僅不相互幫助，還可能互扯後腿。

2 婚姻區塊：配偶的知名度、能力比自己好，或是外型好看。流年的婚姻區塊若加入顯耀星時，則要小心私情曝光。

3 晚輩區塊：子女在數科方面較拿手；或主子女活動力強，外向、喜歡表現。

4 財政區塊：不善理財，不會量入爲出，金錢流動率大。

5 健康區塊：容易焦慮、失眠，或有筋骨方面問題。可多加強腿部活動，例如爬山、健走。

6 外緣區塊：喜歡往外跑，出外旅遊；外出時會注意自己的穿著搭配，喜歡減齡的裝扮。

7 朋友區塊：易有（比自己）年輕的貴人助力，也代表與晚輩的互動沒有障礙。

8 行政區塊：可從事設計、美化、物流相關行業，顯耀星則代表強調品牌、品味，偏好名牌、有知名度的公司。

9 房產區塊：注重住家內外的整潔和美化，特別在意客廳的擺設，或大廳的設計品味。

10 欲望區塊：軍師星善變、意見多又挑剔，年紀越大越愛炫耀或吹噓。

11 基因區塊：父母善良、實在、好相處，也代表可得上一代的庇蔭助力。

軍師星＋阻礙星

☆ 軍師星善於盤算計劃，別人還沒想清楚，軍師星可能已經想好幾遍了。不過千算萬算總有失誤的時候，軍師星加入阻礙星容易聽

明反被聰明誤，自以爲想得完美、算無遺策，但有時就敗在太天眞、太相信人性與自己的判斷。所以軍師星雖善算，但不適合爾虞我詐的商場，比較適合擔任幕後策劃或研發。

☆ 軍師星也是計較星，再加入象徵是非挫折的阻礙星，很可能出現失算、因小失大的狀況。軍師星加阻礙星不妨試試反其道而行，不要糾結小細節（不要花太多時間盤算比較），掌握大方向（不要一點便宜都不給別人占，大家都有錢賺，雙贏共利好做事），這樣才能避免算得太盡，反而招來更多是非麻煩的可能。

☆ 軍師星代表變動，加上阻礙星，代表變動遇上挫折麻煩，意味著這個改變是個錯誤，或是變動後會產生是非麻煩。

例如行政區塊落入軍師星加阻礙星，代表工作不穩、一天到晚換工作，或是換到哪，倒到哪。

此外，流年走到軍師星加阻礙星，當年度如同腦袋打結一樣，常常想錯方向、表達錯誤，甚至做錯決定。

☆軍師星加上阻礙星入六親區塊，代表感情淡薄，或有生離死別的情形。入總部或手足區塊，都主手足有損；其他六親區塊則是因小事計較，導致親人反目。

軍師星＋阻礙星入其他區塊

1 手足區塊：手足有損，或是兄弟姊妹間感情淡薄，互動不多。

2 婚姻區塊：軍師星加阻礙星代表想太多、想偏了，落入婚姻區塊代表多思多慮，該想的不該想的都想了，無益於感情，所以戀愛之路坎坷，波折不斷。婚後也多會因細故而多爭執。

3 晚輩區塊：先損後招，子女人數不多。

4 財政區塊：不善理財，或自以爲聰明，因判斷失誤、錯誤決定或貪小便宜而破財。

5 健康區塊：想太多、腦神經衰弱，易有憂鬱狀況。肝的狀況也要注意。

6 外緣區塊：軍師星也代表舟車、交通工具，軍師星加入阻礙星要小心意外狀況，意外險不能免。

7 朋友區塊：自己覺得提供給朋友的意見是最明智的，但對方不領情，反而拉黑你或到處說你壞話。

8 行政區塊：軍師星定性不夠，再加上是非麻煩多的阻礙星，代表常常換工作，做一行怨一行，工作不順常有挫折。

9 房產區塊：居家環境不安定，或是搬家頻率高；家裡種的花草或盆栽容易枯萎。

10 欲望區塊：代表忙忙碌碌不得閒，因爲凡事交由別人做都不放心、看不下去，寧願自己動手。同時也代表想得多，容易鑽牛角尖，勞碌命。

11 基因區塊：與父母間隔閡較深，或是感情較淡，也可能從小離家沒有同住。

王爺星

Royal highness

王様

原爲：太陽星

王爺星的變異

西元年尾數0：王爺星＋資源星

西元年尾數1：王爺星＋掌握星

西元年尾數4：王爺星＋阻礙星

王爺星＋資源星

★王爺星是代表事業與官貴的星曜，特質是熱心、博愛、樂於付出和服務。遇到資源星，會讓王爺星的熱度更強、亮度更發散，不僅普照大地之外還樂於燃燒自己，凡事喜歡親力親爲、熱心奉獻。這樣的積極主動，通常年紀輕輕就能在職場上換來地位和收入，不過王爺星並不輕鬆，幾分耕耘才能得來幾分的收穫。

王爺星不主財，而是主貴，也就是地位，所以王爺星的財必然隨著職位、地位的提升而來。

王爺星需分日夜或是夏冬，熱力有差別，積極度和熱心與否也不一樣，特別是王爺星加資源星之後的效力也有所不同。若是落陷的王爺星加資源星，亮度不顯、熱力不足，如同小小的職員雖然埋頭苦幹，但提出的意見無法立刻受到老闆或客戶的重視；而旺地的王爺星則是活力充沛光芒四射，機會很多，常常被賦予重任，才能和表現也容易被發掘，因此也比較快可以升官加薪，是典型的先貴後富的類型。

☆王爺星的個性直接、熱情、博愛，如同太陽一般無差別的發散熱力，天生喜歡服務大眾和參與政治事務，資源星則更加重這項特性，也有利於取得社會地位和名聲。

不過王爺星在處事應對的態度上最好收斂謹慎一些，有時表現得太招搖、太出風頭，就算無心也容易招人眼紅嫉妒；當然若是順風順水太久，王爺星也難免沉浸在掌聲中，有點得意忘形了。

☆王爺星加上資源星時，反而中庸一點較好。像是在Ⅵ、Ⅶ位置的王爺星已經夠亮了，若是再資源星，太過太滿，反而容易中暑、中風、高血壓。但若是位在落陷位置的王爺星加上資源星，就如同冬日的太陽，有亮度卻無熱力，甚至可能穿名牌開名車，但都是借貸而來，只能充充門面而沒有眞實力。

王爺星＋資源星入其他區塊

1手足區塊：若是旺地王爺星加上資源星，代表兄弟可靠，能有助力；若是落陷的王爺星，兄弟姊妹和睦，但助力不多，須各自努力。

2 婚姻區塊：對另一半相當照顧，經濟完全透明。

3 晚輩區塊：小孩個性活潑大方，對小孩十分照顧，但有些重男輕女。

4 財政區塊：代表從事的工作需爲人服務，相當忙碌辛苦，但可得到相當的報酬；若是落陷的王爺星＋資源星，如同燈下之財、夜間經濟，反而較爲輕鬆不用流汗。

5 健康區塊：容易有眼疾，或是血壓、頭痛、頭部的疾病。

6 外緣區塊：王爺星本就活力四射，加上資源星之後又落入外緣區塊，代表在家待不住，一天到晚喜歡往外跑，樂於參加與大眾民生相關的聚會、社團、遊行，或是政治性、公益性活動。

7 朋友區塊：旺地王爺星加資源星在朋友區塊，代表朋友多貴人，也大有助益；若是落陷的王爺星，朋友互動貌似不錯，但小心背後扯後腿。

8 行政區塊：王爺星本就是重視事業的星曜，入行政區塊適得其所，更能把特質發揮出來，尤其是把握時機的敏感度相當高。旺地王爺星加資源星，多從事與大眾、媒體相關的行業；落陷王爺星加資源星則多從事服務業或休閒業。

9 房產區塊：住家光線良好、溫暖明亮，格局多方正。

10 欲望區塊：退休後也仍然喜歡往外跑，一天到晚參加活動聚會，或是參與義工服務。

11 基因區塊：孝順、聽話，與父母感情不錯；需特別注意眼疾。

王爺星＋掌握星

☆王爺星重視事業成就和社會地位，遇到愛掌權的掌握星時，相當於如虎添翼，對事業發展更有幫助。加上王爺星天生個性善於觀察和掌控情勢，懂得以大局為重，對於從事公職、或是擔任企業高管的人來說，逢掌握星更有利於升官，有助於社會地位的提升，或是更晉一級成爲領導者，或行業內的權威人士。

王爺星加掌握星若再會合顯耀星，才能夠發揮更大效益。只有掌握星時，王爺星太過於自我、專斷獨行，而且一個人的能力有限，會合顯耀星能有貴人助力，團隊的執行力才會更強。

王爺星加掌握星若在陷地時則不利，表面上好像大家都聽你的，但實際上陽奉陰違，沒有實際的約束和掌控力。

☆王爺星加掌握星，如同一個熱情澎湃、才華洋溢的人，但又個性主觀、固執，見解獨特，堅持用自己的方式發揮才華，而對待他人也常會用「我這樣是對你好」的方式表現，不容他人拒絕，也讓人難以承受。

因此王爺星加掌握星時，最好會合顯耀星和資源星，顯耀星能得貴人之助，資源星才會有實際的成果展現出來，否則王爺星加上掌握星，只是一意孤行而已。

☆王爺星加掌握星也喜歡熱鬧的場合，喜歡多人群聚的環境，就怕一個人獨處，讓王爺星的熱力無法發散，會無聊到發狂。

☆ 王爺星加掌握星入六親區塊時都以吉論，因爲對六親都會有實質上的照顧。

王爺星＋掌握星入其他區塊

1 手足區塊：兄弟姊妹氣勢強，管不動對方，甚至反過來要聽對方的指揮。兄弟人數多是偶數。

2 婚姻區塊：另一半能力強、靠得住，家裡大小事多由對方安排，當然相對來說個人自由就比較少了。

3 晚輩區塊：對子女的要求較高，大小事情都要管，關心太過對小孩反而是不小的壓力，親子間關係較緊張。

4 財政區塊：能夠掌控財務大權，且理財能力好，正職收入也不錯。只不過王爺星加掌握星的收入限於正大光明的工作薪資或獎金，偏財之類的就別想了。

5 健康區塊：王爺星主頭部，王爺星加掌握星入健康區塊時，需注意偏頭痛、血壓等方面疾病，視力問題也要注意。

6 外緣區塊：出門在外活力十足，易於親近，人緣也不錯。做事有衝勁和執行力，且熱心社會公益活動。

7 朋友區塊：王爺星本就重事業、重朋友，加上掌握星時，會對朋友加倍重視，在工作上也常能遇到忠心能幹的下屬。

8 行政區塊：適合從事媒體、行銷、傳播、影音，或是國際貿易相關的行業，同時亦可能雙職並行，或是斜槓、跨足兩種不同的業別。

9 房產區塊：住家環境光線充足、明亮大器；也可能有雙住所，兩地居住。

10 欲望區塊：個性非常主觀固執，年紀越大越堅持己見，誰都改不了他的固有想法。

11 基因區塊：王爺星主男性、父親，加上掌握星入基因區塊時，代表父親對你的要求較嚴格，相當注重家教。

王爺星＋阻礙星

☆王爺星代表付出、散發光芒，逢阻礙星時，如同烏雲蔽日，原本的特質被蓋住、壓抑，無法順暢地發揮特色，因此也容易讓人感到挫折，甚至引來一些是非麻煩。

就像路上遇到車禍，肇事者跑了，好心幫忙送醫卻被誣賴爲肇事者，好心沒好報反而惹來一身麻煩一樣。

王爺星加上阻礙星時，最容易因熱心幫忙而惹上是非，尤其是旺地的王爺星，越旺做得越多，有功無賞，多做還惹人嫌，常是一腔熱血、全力付出，但回收的卻是抱怨和嫌棄。

☆王爺星又代表父星和夫星，若遇阻礙星，代表與父親間的緣分較淡薄，若是女性遇王爺星加阻礙星，常是情路坎坷，感情多受影響，就算結婚了，婚後生活可能也不盡如意，特別是旺地王爺星加阻礙星，越旺越嚴重，無怨無悔地付出，對方卻不珍惜。

☆王爺星加阻礙星對男性來說較偏向事業方面的困擾，尤其是開創事業之初，容易遭受打擊挫折，令人喪氣。事業心強的王爺星，若遇阻礙星時可以選擇當個穩定的上班族，一步一步爬上管理層；或是從事競爭性強、爭議性高、有時效性、或是處理是非麻煩的行業，並非只有創業當老闆才是人生贏家。

☆王爺星加阻礙星入六親區塊都代表不利，如果再加上煞星，容易有生離死別的情況發生，尤以男性爲重。

王爺星＋阻礙星入其他區塊

1 手足區塊：兄弟姊妹間互不相讓，每個人都想當老大發號施令，爭執摩擦多。

2 婚姻區塊：感情之路多曲折，情路不順，老是覺得遇不對人。

3 晚輩區塊：代表子息有損，或是孩子長大了不一定在身邊。

4 財政區塊：旺地王爺星加阻礙星，賺錢辛苦；若是落陷王爺星加阻礙星，賺錢反而較輕鬆，不過多為是非投機之財。

5 健康區塊：易有眼疾、血壓問題，以及需注意內分泌失調的狀況。

6 外緣區塊：對人熱情卻無相對回應，人際往來容易受挫碰壁。

7 朋友區塊：王爺星象徵男性，加上阻礙星入朋友區塊，代表男性朋友、男性下屬對你較無助力，嚴重的甚至可能扯後腿或惹麻煩。

8 行政區塊：王爺星重視事業成就，加上阻礙星入行政區塊，代表工作上遇到較多麻煩，若主管、老闆是男性的話，互動更容易出狀況，就算再努力也很難換來讚美和肯定。

9 房產區塊：小時候常常搬家，長大後特別想買房，擁有屬於自己的家；住家形狀可能是三角間。

10欲望區塊：多思多慮多操煩，而且多是為了別人的事情在煩惱；容易鑽牛角尖，天下本無事，多是自尋煩惱。

11基因區塊：代表父星的王爺星入基因區塊，再加上阻礙星，更不利於父親，或與父親有隔閡，感情淡薄。

司庫星

Treasurer

金庫番

原爲：武曲星

司庫星的變異

西元年尾數9：司庫星＋資源星

西元年尾數0：司庫星＋掌握星

西元年尾數1：司庫星＋顯耀星

西元年尾數2：司庫星＋阻礙星

司庫星＋資源星

☆司庫星是財星，而且尤指現金，遇到代表增多的資源星，象徵財富增加，想賺錢的欲望更強烈、更積極了，求財的行動力加速，哪裡有錢賺就往哪裡去，不計辛勞、忽略休息，一心只想著先賺先贏，有錢賺不怕苦。

★正因爲司庫星是財星、主掌財政區塊，因此人生觀務實，以賺錢爲目的，一生多在研究怎麼樣才能更富裕、怎麼樣才能達成財富自由，關於理財或投資的資訊、課程，司庫星都有興趣。如果司庫星再加上資源星，可想而知更是加倍重視金錢力，相信金錢萬能，沒錢萬萬不能，如果沒有加會正學士星、副學士星，爲人可能太過現實，毫無情趣。

★司庫星加上資源星入六親區塊，都代表著利益輸送，有能力對別人付出是好的，所以多以吉論。

司庫星＋資源星入其他區塊

1 手足區塊：兄弟姊妹間只要有金錢上的困難，絕對義不容辭挺身而出。

2 婚姻區塊：雖然另一半對你很好，但常忙於賺錢無法陪伴，多用金錢補償；另外小心容易有第三者介入。

3 晚輩區塊：對小孩的教育十分認眞投入，不管是人格發展或課業學習都很注重，但也因爲期盼太大，難免給小孩帶來壓力。

4 財政區塊：喜歡賺錢、會賺錢，同時對理財也頗有心得，賺錢對你來說並不困難。

5 健康區塊：肺經系統較差，容易有肺部問題，另外也容易發胖。

6 外緣區塊：適合遠離出生地往外發展，到外地、外國更有賺錢發達的機會。

7 朋友區塊：對朋友講義氣，對同事、下屬很照顧，必要時也願意提供金錢資助。

8 行政區塊：從事的行業需要耗費體力，工作認眞勤奮，容易得到老闆肯定。

9 房產區塊：家境不錯，而自己也愛投資房地產，在不動產領域的投資收益不錯。

10 欲望區塊：喜歡能輕鬆收現金的行業，偏好現金買賣，不喜歡使用票據或簽帳。

11 基因區塊：對父母孝順，但現實中有太多事情比陪伴父母重要，因此多以現金代表孝心。

司庫星＋掌握星

☆ 司庫星意味著錢財，掌握星則象徵掌控和「要」，因此司庫星加掌握星可以直白地意會爲「要錢」。也就是說，司庫星加掌握星的求財之心相當積極、有行動力，火力全開！只要和錢有關的事情絕對勇往直前，不怕苦累麻煩，只要賺錢的標的出現，眼中就只有目標、沒有障礙，如同戰車一般剷平一切，全力以赴。

☆司庫星的星性直率剛正、重義氣，再加上掌握星更加重權威感，魄力、戰鬥力十分旺盛，因此若有新目標，或是處於新事業的開創階段，司庫星加掌握星的執行力會有很大助益。不過星性特質的優缺總是一體兩面，司庫星的表達方式正因爲太直接、一板一眼，所以不細心、不圓滑，缺乏同理心，如果沒有會到正學士星、副學士星或科舉星、貴人星，言行舉止就會顯得粗魯霸道，容易得罪人而不自知。

☆司庫星加上掌握星入六親區塊，一般都不以吉論。因爲在彼此的感情對待上，司庫星習慣以金錢來衡量和相處，所以在情感上顯得較爲冷淡薄弱。

司庫星＋掌握星入其他區塊

1 手足區塊：兄弟姊妹間的互動比較現實，有錢的時候大家都好說話，或是容忍你的壞脾氣，一旦落魄需要幫助時，恐怕難有援手。

2 婚姻區塊：誰管錢？彼此互不相讓、常有爭執，都認爲自己才有道理，長此以往對感情難免有影響。

3 晚輩區塊：司庫星帶有孤獨的特質，落在象徵子女的晚輩區塊時，代表子女晚得、子女少，或是子女個性倔強固執。

4 財政區塊：喜歡掌控財政大權，且理財方式靈活有規劃，屬於理財一把好手。

5 健康區塊：意志力強大的司庫星，也相當懂得掌控身體健康狀況，原本的抵抗力就不錯，加上有效的控制和保養，可維持不錯的身體機能。

6 外緣區塊：與外地、外國有緣，適應力強，離鄉背井可以有很不錯的發展。

7 朋友區塊：對待朋友講信用、有義氣，因此朋友和下屬對你也相當忠誠。

8 行政區塊：司庫星若加會正學士星、副學士星、科舉星、貴人星，可能往金融機構發展；若加會煞星，多與刀械為伍。

9 房產區塊：童年時期經常在兩地往來居住，長大後也可能有兩份資產。

10 欲望區塊：個性固執難以溝通，除非有利可圖，否則很難讓你妥協。

11 基因區塊：懂得敬老尊賢、尊重長輩意見，長輩也喜歡干涉和掌握財政大權。

司庫星＋顯耀星

☆ 財星遇到喜歡表現的顯耀星，正好組合成「愛現財」！意指司庫星加上顯耀星時，其特性就是錢財會曝光、露白，也就是破財之意。

如果司庫星加顯耀星入總部或分部，且組合良好（例如：司庫星加近侍星、司庫星加總管星、司庫星加宰相星），仍是屬於名利雙收的格局。

若行運逢之，代表因爲曝光帶來了知名度，同時也帶來了財運和賺錢的機會。如同 YouTube 影片點擊率高、曝光率大，所以帶來了業配機會和分潤的收入。但一體兩面，顯耀星的知名度不只有好事，也可能增加很多黑粉，或被惡意批評或出征等等。

☆如果是司庫星加前鋒星，再加上顯耀星的組合，或是又再加上煞星同一區塊（例如：司庫星＋顯耀星＋前鋒星＋火神或旱神），雖然同樣是愛表現、愛出風頭，但性格特質更爲重義輕財、豪邁不拘小節，喜歡請客散財，因此屬於破財格局，不利於財富的累積。

☆司庫星加上顯耀星入六親區塊，皆以吉論，因爲顯耀星一般可看作貴人星，亦可減低司庫星的剛毅特性。

司庫星＋顯耀星入其他區塊

1 手足區塊：兄弟姊妹間感情融洽，互動親密，兄弟姊妹對自己的助力很大，是生命中的貴人。

2 婚姻區塊：另一半外型出眾；在工作事業上彼此也能相互提供支持和助力。

3 晚輩區塊：子女青出於藍而勝於藍，個性獨立，自動自發不需父母嘮叨。

4 財政區塊：錢財容易露白，建議減少請客耍闊的頻率，否則賺再多也不夠花。

5 健康區塊：呼吸系統較弱，支氣管容易過敏或咳嗽。

6 外緣區塊：在外人際關係很好，貴人也不少，有好的機會都不會忘了你，不妨可考慮運用知名度來生財。

7 朋友區塊：朋友圈多富貴人，也容易得到這些朋友們的助力，若能將人脈轉爲錢脈，事業發展大有可爲。

8 行政區塊：事業上若想提升企業形象，廣告費不能省，大幅提高曝光率和知名度，相對可帶來更多商機和利潤。

9 房產區塊：精打細算的司庫星，對投資置產很有一套，同時也注重居家風格，喜歡選擇附近有金融機構或位於商業區的住所。

10 欲望區塊：喜歡張揚、出風頭的司庫星加顯耀星，到中年之後多會參加慈善機構、政府或民間的社團活動，並熱衷於取得頭銜，像是某某主委、某某總幹事等等。

11 基因區塊：無論是工作上或是在家庭生活中，都能得到父母長輩的協助，尤其是財務上的支援。

G 司庫星＋阻礙星

★當代表錢財的司庫星，遇到象徵欠缺、麻煩、是非、困擾的阻礙星時，最直接的解釋就是不利於財運。因爲在進財的過程中總是會發生狀況，甚至最後白忙、空歡喜一場，倒楣的話還得倒貼賠本。

司庫星加阻礙星若在總部時則更不佳，沒有理財概念，花錢無節制，不知量入爲出，嚴重的話還得舉債、擴充信用，若是再逢煞星，則更沒有節制。

☆司庫星也是寡宿星，星性孤獨、我行我素，有自己獨特的原則和堅持，在金錢和其他方面皆是如此。若是司庫星加上阻礙星，原本的孤寡特質加重，更不利於感情的發展，就像一個性格古怪很難溝通的人，再加上小氣、斤斤計較，哪個人可以接受？所以在感情互動上常會因理財觀念、價值觀的不同而有爭執摩擦。不過現代社會開放多元，只要能妥善規劃好自己的生活，單身也是不錯的選擇。

☆司庫星的星性太過剛毅，缺乏彈性，再逢阻礙星入六親區塊，皆屬不宜，若再加煞，必對六親區塊有損。

司庫星＋阻礙星入其他區塊

1 手足區塊：你對兄弟姊妹的付出，對方視爲理所當然，沒做好反而是你不對。有一天若需要求助於對方時，恐難以得到相對的援助。

2 婚姻區塊：感情之路帶給你不小的風波和挫折感；若再加上煞星，中年時可能遭遇生離死別的情況。

3 晚輩區塊：可能子女有損，或是子女帶給你煩惱和挫折；對子女而言，你就像提款機或財神爺一樣有求必應。

4 財政區塊：重財、愛財的司庫星加上阻礙星，如同熱愛賺錢但不得要領的人一樣，勞碌奔波但收穫甚微；或是因爲理財失策，導致週轉不靈。

5 健康區塊：注意肺部疾病，像是氣喘、肺部腫瘤的問題。

6 外緣區塊：獨善其身的司庫星加阻礙星，社交圈不大，在外的人際關係也不佳，甚至可能無意中得罪人而失去發展機會。

7 朋友區塊：與朋友盡量避免金錢往來，就算非幫不可，也最好抱著有去無回的心理準備，以免傷心。另外在公司裡也要小心因下屬出狀況，被拖累破財。

8 行政區塊：適合從事自由業，或與刀械五金有關的行業。若想自行開業，要有剛開始一定多舛不順的準備。

9 房產區塊：容易遇到粗魯的惡鄰居；或是總會遇到諸多問題，讓財庫難以聚財的情況。

10 欲望區塊：財星加上阻礙星，沒有錢就沒有安全感，總覺得缺錢不夠花。因此更要爲自己做好完整的生涯規劃，提前預留養老金才是上策。

11 基因區塊：父母在財務上容易有大起大落的情形，也代表童年時家中經濟並不穩定。

貴妃星

Imperial concubine

皇帝の側室

原爲：天同星

貴妃星的變異

西元年尾數6：貴妃星＋資源星

西元年尾數7：貴妃星＋掌握星

西元年尾數0：貴妃星＋顯耀星

貴妃星＋資源星

★貴妃星爲福星，性格無爭，人生目標是感情婚姻生活穩定、生活無憂、公私領域平衡，工作壓力不要太大，必須有享受生活的餘裕。因此貴妃星顯現出來的特質就是樂天平和、無憂無慮，生活重心總是在計劃下一次的度假和旅行。

然而有福氣、愛享受的貴妃星，再加上象徵增多的資源星，物極必反，享福效力並沒有加倍，除了沒有更好命之外，還可以得付出代價才能享受多出來的資源和福氣。此時就得檢視其他區塊中的組合是否良好，才能判斷是否享用得起。

☆ 貴妃星加上資源星雖代表福分加重，但資源星也象徵著錢財的增加，只是貴妃星的錢財多爲坐享其成之財，像是遺產、保險金、退休金等等，金額不見得大，但卻是不費力就能得到。若是流年走貴妃星加資源星時，天上可能掉下禮物來，但這個禮物往往得付出健康的代價，不可不慎。當然若是已屆退休年紀，亦可能是退休金入帳。

☆ 貴妃星加資源星代表著生活無虞、物質無缺，但並不代表功成名就或大富大貴，因爲對生性悠哉、不喜拚搏的貴妃星來說，辛苦賺錢不就是爲了享受愉快的生活？既然都吃穿無憂了，何必汲汲營營勞心勞力呢？就算賺得不多，那就吃少一點嘛！平平淡淡就是福，無憂無慮似神仙，這才是人生的眞諦。

☆貴妃星加上資源星入六親區塊，皆以吉論，代表增加以及緣分深厚。

貴妃星＋資源星入其他區塊

1 手足區塊：對兄弟姊妹很好，只要能力所及都不會吝嗇，缺什麼就給什麼。不過對方似乎認爲你的付出是應該的，不一定會有相同的回饋。

2 婚姻區塊：不宜早婚，晚婚反而能讓婚姻生活更穩定。此外，象徵增加的資源星在婚姻區塊，也要注意婚後是否有第三者出現。

3 晚輩區塊：對小孩疼愛有加，照顧無微不至。

4 財政區塊：不拚不爭的貴妃星加資源星入財政區塊，想當然很難大富大貴，最多是生活無虞，缺錢時就有錢來救急，或是跟人伸手開口就會得到金錢資助。

5 健康區塊：悠哉的貴妃星入健康區塊，得到的也是富貴病，例如糖尿病、高血壓、或是腎臟、腎功能方面的慢性病。

6 外緣區塊：個性外向，人際關係相當不錯，外出發展如魚得水。

7 朋友區塊：五湖四海皆兄弟，對朋友大方講義氣，所以朋友多，互動良好；對下屬也很照顧，是個有同理心、好商量的主管。

8 行政區塊：個性安逸的貴妃星入行政區塊，反而對事業的開創造成阻礙，不如選擇穩定有前景的企業，當個作息規律的上班族；如果有資本與人合夥當股東也不錯，讓愛賺錢的人去拚搏，你負責自己擅長的領域就好。

9 房產區塊：資源星入房產區塊，代表家境不錯，祖產有份，而且財庫旺足，衣食不愁；如果住家接近水邊更好。

10 欲望區塊：貴妃星加資源星入欲望區塊，這是相當極端的組合，很難單獨論斷是吉是凶，因爲必須參看命格是否能承受這樣的福氣。如果無福承受，福重反凶，難以吉論。

11 基因區塊：對父母孝順，但父母的感情世界豐富，晚輩難以干涉；此外也可能認義父母。

貴妃星＋掌握星

★ 貴妃星的星性本是清閒安逸，遇到愛管事、要掌權的掌握星時，心態上會比較積極，行動力也會比一般的貴妃星要強一點，不過前提是貴妃星必須在旺地，才會有實質的行動和作用，否則落陷的貴妃星只是嘴巴說說而已。

★ 貴妃星的天性是浪漫愛享受的，生活中不喜歡有太大壓力，或是會帶來負面情緒的事情。休閒時最愛踩點，嚐嚐熱門的餐廳和網紅咖啡店等等，喜歡有特色的環境、舒適的氣氛，食物也必須在標準之上，重視口腹之慾的享樂之星，嚮往的人生莫過於此。

☆ 貴妃星與生俱來柔軟的特質，動作慢條斯理，性格隨遇而安，喜歡與人爲善。不過這種特質的另一面便是欠缺危機意識和衝勁，凡事似乎都得逼近緊要關頭了才開始行動，有時實在令人看得心焦。

不過這些特質在遇到掌握星之後，都會轉化、調整。貴妃星加掌握星之後會變得比較挑剔，心態也會轉變成比較主觀、有原則，標準更高，不像一般的貴妃星包容幅度較大。

☆ 貴妃星入總部或分部時，感情之路風波不斷，因爲感性、多情、優柔寡斷，所以情路跌跌撞撞分分合合，十分精彩。不過貴妃星加上掌握星，反而能使感情較爲專一且穩定。

☆ 貴妃星加上掌握星入六親區塊，反而不佳，因爲敏感的貴妃星情緒容易波動，難免因此引發爭執，感情反多磨擦和傷害。

貴妃星＋掌握星入其他區塊

1 手足區塊：兄弟姊妹間互不相讓，如果再遇煞星或阻礙星，更容易互扯後腿，或發生爭產狀況。

2 婚姻區塊：在家裡，另一半永遠是發號施令的一方，而且情緒常起伏，得學會察言觀色才有好日子過；如果再遇到阻礙星或煞星，婚姻恐難白頭偕老。

3 晚輩區塊：與子女互動良好，感情不錯，不過別太嘮叨了，孩子難免不耐煩；如果遇到煞星則會有代溝。

4 財政區塊：貴妃星不主財，重心在享樂，因此貴妃星加上掌權的星入財政區塊時，只是「代管」金錢財物而已，並沒有實權可言。

5 健康區塊：特別要注意內分泌失調或泌尿系統方面疾病，尤其是尿道炎等等，中年後更要注意血糖、糖尿病問題。

6外緣區塊：人緣很好，也懂得經營和運用人脈關係；十分注重休閒旅遊，只要一有假期就喜歡往外跑。

7朋友區塊：容易與人打成一片，朋友不少，但常因小事與人爭執甚至翻臉，建議別逞一時口舌之快，破壞感情划不來。

8行政區塊：喜歡安逸穩定的貴妃星，加上掌握星並落入行政區塊時，適合在公家機關工作，或是擔任門市銷售、櫃哥櫃姊等等；如果從事專業代理、經銷商也頗適合。

9房產區塊：掌握星主雙，入房產區塊代表童年時有雙住所。

10欲望區塊：年紀越大越囉唆嘮叨，而且愛挑剔、情緒起伏大，請人幫忙還要照你的規矩安排，實在讓人頭痛。

11基因區塊：父母心地善良、親子間互動不錯；但父母脾氣硬起來時相當固執，難免有摩擦。此外須特別注意來自母系的遺傳基因。

貴妃星＋顯耀星

☆貴妃星的星性柔弱，遇到象徵貴人的顯耀星時，容易得到長輩上級的照顧，對行運有無形的助力。雖然常有外來幫助，但貴妃星也須自立自強，就算不主動爭取機會、不擅長與人競爭拚搏，但可以提升自己的價值，讓更多慧眼伯樂來投資你。

☆安逸穩定的生活，是貴妃星一貫的人生目標，沒有太大的衝刺欲望，所以就算是旺地的貴妃星加上顯耀星，也很難有大作爲。顯耀星對貴妃星來說，多半會顯現在更注重生活品味、更在乎自己的外在打扮和形象而已。

☆貴妃星加顯耀星的人一輩子都有貴人相助，不過這些貴人多半不是自己主動結交，或是彎腰拜託來的，而是主動伸出援手、不請自來的貴人，相當令人羨慕。

☆貴妃星加上顯耀星的名聲必須靠經年累月的累積，例如工作績效持續甲等，長期的服務受到肯定等等，是經過長期耕耘、長期付出所換來的好名聲，並非短時間或一夕可得。

☆貴妃星加上顯耀星入六親區塊時，都以貴人或吉論之。

貴妃星＋顯耀星入其他區塊

1 手足區塊：兄弟姊妹間能互相提攜、照顧，而且對方的名氣對你有助力。

2 婚姻區塊：夫妻間溝通良好，感情不錯，男性的另一半溫柔賢慧，而女性的另一半則較為陰柔顧家。

3 晚輩區塊：子女聰明伶俐，長大後表現出色，發展不錯。但若遇到煞星和阻礙星，恐會做出令祖上蒙羞的事。

4 財政區塊：愛享受的貴妃星，加上愛現的顯耀星，別人有的，自己也想擁有，錢總花在吃喝玩樂或炫富上，得好好評估過度消費的後果自己能不能承受。

5 健康區塊：很有養生意識，相當注重身體保健，發現一點小毛病都要找大醫院或有口碑的名醫檢查才安心；另外需特別注意泌尿系統的問題。

6 外緣區塊：心腸軟，耳根子更軟，最愛聽好聽話；在外注重形象、愛面子，人際關係不錯。

7 朋友區塊：朋友是生命中很重要的一部分，懂得惜情，友誼既長且深；和下屬互動不錯，但助力不大。

8 行政區塊：衝勁不強的貴妃星適合在大企業中穩步發展，也更容易得到貴人提攜。

9 房產區塊：貴妃星加上顯耀星入房產區塊的人，多半會在一處住很久，熟悉之後就懶得搬動，與管理員或左鄰右舍都相熟；住家適合靠近有水的地方，家中的擺設很有自己的獨特風格。

10 欲望區塊：心境平和，凡事看得開也放得下，年紀越大越怡然自得，懂得享受人生。

11 基因區塊：父母長輩在某一領域頗有名氣，對你也有助益，親子間感情不錯。

使節星

Ambassador
大使
原為：廉貞星

使節星的變異

西元年尾數4：使節星＋資源星
西元年尾數6：使節星＋阻礙星

使節星＋資源星

★使節星的個性兼具感性與理性，感性的部分是重感情、善於揣摩人心；理性的部分則是顧大局、著重大方向，同時細節也會兼顧，看待事情不會用統一標準，懂得換位思考，也會隨機應變。

而使節星到底是偏向理性還是感性，必須參看命盤組合才能判斷偏向哪一方。

☆使節星也是桃花星，遇到代表數量增加、目標分散的資源星，更會加重桃花特性，對異性更有吸引力。也因爲資源星分散的特質，容易導致目標過多、用情不專，帶有一種遊戲人間的調調。

☆使節星代表桃花，資源星又代表錢財，因此使節星加上資源星也有桃花帶財的特性，不過這必須加上好的組合，才能眞正人財兩得。例如：使節星加宰相星、使節星加總管星，這樣相輔相成的搭配組合，才會有正面效果。

☆使節星善於周旋交際、人脈經營，不應將眼光只放在眼前現狀，也不該只專注於感情糾葛中，遇到資源星時，使節星可以放大格局和視野、展現人際特長，生活節奏會加快，社交生活也更豐富多彩。

☆使節星加上資源星入六親區塊，皆以吉論，互動良好。

使節星＋資源星入其他區塊

1 手足區塊：兄弟姊妹間關係親密，常常互通有無，亦可一起合夥打拚。

2 婚姻區塊：對另一半疼愛體貼，照顧無微不至，但自己也有不少機會，小心不要太博愛了。

3 晚輩區塊：對子女投注許多心血，與子女相處如同朋友一般，交流沒有代溝。

4 財政區塊：理性的使節星入財政區塊，善於運用各種人脈、關係和資訊來開闢財源，加上資源星，過手的金額通常也較大。

5 健康區塊：注意心臟和腎臟部位的問題，平時最好有運動習慣，必須加強心臟血管功能。

6 外緣區塊：幽默風趣和機智靈活，是使節星在外給人的形象，人際關係相當不錯。

7 朋友區塊：對朋友夠義氣，借錢出力不在話下；職場上對下屬也很照顧，重視有專業長才的下屬。

8 行政區塊：適合從事電機、電子相關產業，或是公關、行銷、廣告等行業。

9 房產區塊：住家附近有寺廟或教堂，若再遇煞星或阻礙星時，家裡磁場混亂。

10 欲望區塊：感情豐沛又敏感的使節星，加上資源星時，對生活品質要求很高，不會虧待自己。

11 基因區塊：家中長輩有增加的現象，或者可多認幾個義父母。

使節星＋阻礙星

★ 使節星重感情、敏感，一旦遇到阻礙星，這樣的特質會更加明顯，甚至變得過度敏感，更容易感受、接收到別人的情緒波動、喜怒哀樂或負面能量，反而造成自己的心理負擔和情緒壓力。一旦使節星人覺得某人對他不友好、覺得另一半最近冷淡了、朋友突然少聯絡了，就容易胡思亂想，甚至單方面做出錯誤判斷和決定，結果只是徒增自己的痛苦而已。

☆使節星具有感性與理性兼備的特質，但加上阻礙星則會破壞這種平衡，該感性時疑神疑鬼、該理智時不按規則行事，自我矛盾、糾結，情緒起伏大且脾氣暴躁，表現出來的就是輕浮而不穩重。

☆使節星是桃花星，遇到資源星時會有增加桃花、目標分散的狀況；而遇到阻礙星，則是收斂與壓抑，多了缺憾和波折。使節星加阻礙星，性格中負面的部分，像是佔有慾、愛吃醋就更加重了，也增加了感情的波折度。

此外，使節星也是一顆囚星，阻礙星會讓使節星更鑽牛角尖，內心衝突矛盾，理智告訴自己不適合、已經不愛自己的對象就該放手，但情感卻始終放不下，忍不住藕斷絲連，用盡一切方法都要挽回，導致感情路越走越偏。

☆使節星的特長是人際互動、公關交涉，很擅長經營、運用人脈關係，甚至能碰觸灰色地帶，遊走於法律邊緣。因此使節星加上阻礙星時，必須更加注意，免得聰明反被聰明誤，稍有不慎則惹上官司。

☆使節星加上阻礙星入六親區塊，皆不以吉論，易有猜忌。

使節星＋阻礙星入其他區塊

1 手足區塊：兄弟姊妹容易因小事爭執，所以最好各自獨立、各自發展，特別要避免同住。

2 婚姻區塊：夫妻間感情不順，常常口角爭執，原因多是使節星的醋勁太大，疑心病重，彼此難免互相猜忌。

3 晚輩區塊：子息有損；或小孩聰明伶俐，但活潑好動又調皮，花樣特別多。

4 財政區塊：錢財來得多，去得也快，多用在交際應酬或送禮，財運大起大落；而且多爲是非財，例如佣金或回扣。

5 健康區塊：注意心臟方面的病變；當行運遇到代表桃花的使節星加上阻礙星時，容易有性器官的毛病。

6 外緣區塊：外出容易發生意外狀況或有奇遇，使節星的第六感特別強，容易感受到靈異方面的狀況。

7 朋友區塊：不宜與人合夥或當股東；身爲老闆或主管，對下屬不宜完全放權，免得下屬出紕漏時措手不及，反被拖累。

8 行政區塊：適合從事帶有爭議、是非，又與大眾有關的行業，例如記者、律師、政治人物等等。

9 房產區塊：家中最好供奉神明或擺放神案，免得磁場太亂，易生是非。

10 欲望區塊：敏感又纖細的使節星，加上阻礙星時更會顯現不穩定的狀態，情緒多變、疑心病重，且十分挑剔，欠缺精神上的滿足。

11基因區塊：與家中長輩較無緣分，較少享受到父母的疼愛；或是自小離家，很早獨立生活。

宰相星

Prime Minister

首相

原為：天府星

宰相星的變異

西元年尾數2：宰相星＋顯耀星

宰相星＋顯耀星

★宰相星性格穩重、強勢、一言九鼎，遇到出名、愛表現的顯耀星時，可想而知將會非常有名，如同電視、網路、大大小小所有頻道都在談論、曝光，鋪天蓋地的輿論消息，甚至佔據頭條版面。

宰相星加顯耀星的曝光是高知名度的，正因為宰相星的強勢，所以影響力廣大，威力不可小覷。

☆ 宰相星原就是庫星，當遇到顯耀星時，原本藏起來的財庫等同曝光了，相當不利於錢財的儲存。如果沒有會合資源星，那麼名氣和財富不成正比，光有名氣而已，不一定會有錢，就像一部叫好不叫座的電影，有名卻不見得賺錢。

☆ 此外，宰相星也是個善於指揮、主導、發號施令的老闆星座，當遇到顯耀星時，在商場上對於品牌的建立很有幫助。這代表宰相星這個大老闆很注重商譽和信用，有利於商業往來和客戶的信任；當然宰相星也愛面子、喜歡聽好聽話，圍在他身邊阿諛的人想必也不少。

☆ 宰相星本就愛吃、重吃，遇到顯耀星時，更是個對飲食有獨特見解的老饕，只要聽到或看到哪裡有美食，一定會想盡辦法去踩點嚐鮮，而且吃得快又吃得多，很有口福。

☆ 宰相星入六親區塊，除了人數不多，亦主各自爲政；加上顯耀星則可以化解宰相星孤僻的特質。

宰相星＋顯耀星入其他區塊

1 手足區塊：家裡兄弟姊妹人數不多，但彼此間各自獨立，不會相互干涉，但也不常往來，雖然加上貴人顯耀星，但也必須是你信任的人才會對你有幫助。

2 婚姻區塊：另一半對你助力頗多，不僅真心誠意付出，就算沒有感謝回饋也無怨無悔，唯必須忍受另一半的碎念。反而是自己常挑剔、找麻煩，不太懂得珍惜。

3 晚輩區塊：小孩不多，不過十分優秀，孩子亦能替你帶來好運。

4 財政區塊：宰相星加顯耀星等於財庫露大白，有錢不僅不低調，還十分張揚，引人覬覦，理財方式也堪憂。

5 健康區塊：主要是腸胃的問題，常常胃脹氣、排氣；如果會到煞星，可能還有胃發炎的情形。

6 外緣區塊：在外名聲響亮，為人海派、人緣很好，只不過有時表現得太過張揚，自以為很厲害。

7 朋友區塊：往來的朋友非富即貴，身分或社會地位都比你高，往來無妨，但卻可能無法從朋友身上得到太大助力。

8 行政區塊：在工作職場上有獨到的見解，像是經營出一條獨特的路線、做出自己的品牌，很容易在領域中脫穎而出，而且遠近馳名。

9 房產區塊：喜歡住在高處或高樓；或者可能房子大、人太少，顯得冷冷清清。

10 欲望區塊：霸王宰相星加上顯耀星入欲望區塊，和有威儀的皇帝星一樣，都是年紀越大越有童心，可以和年輕人或小孩玩成一片。

11 基因區塊：可以獲得父母或家中長輩的助力，而且互動良好，較少代溝，無論你要做什麼、或有什麼要求，幾乎都可以得到支持。

皇后星

Empress

皇后

原爲：太陰星

皇后星的變異

西元年尾數7：皇后星＋資源星

西元年尾數8：皇后星＋掌握星

西元年尾數3：皇后星＋顯耀星

西元年尾數5：皇后星＋阻礙星

皇后星＋資源星

★皇后星和王爺星皆爲天市垣主星，王爺星主掌事業，皇后星主理財務，兩者相輔相成，各有各的管控範圍。東方星理學中的另一顆財星是司庫星，不過司庫星偏重現金之財，而皇后星偏向不動產或異性之財，例如從事房地產買賣、當包租公（婆）收租金，或是身爲富二代靠父母資助，都屬於皇后星這一類。這樣的特質再逢象徵「變多」的資源星，當然主不動產或財富的增加，不過前提是皇后星必須在旺地，才能眞正長久持有。

☆皇后星也代表快樂享受，但皇后星星性內斂，因此欲望和要求不高，比較容易滿足。不過當皇后星加上資源星之後，會增加物質享受的層次，比如吃能吃到名菜，穿也能穿到名牌，欲望和要求相對提高。但若是皇后星落在陷地，雖然有資源星引動，但也只是表面上好看而已，比如爲了吃一頓米其林餐廳、爲了漂亮去醫美，而要刷爆卡或縮衣節食，享受超過能力所及的快樂。

☆皇后星的星性是內斂保守、溫柔顧家的，就算加上資源星，也只是代表自己或家人可以品嚐美食的機會增加，或是有好事、好機會優先想到自己人而已，對一般外人不會有這麼好的待遇。

☆由於皇后星細膩、溫柔體貼的本質，可想而知，想的必定較多且複雜，興趣也很廣泛，因此當行運走到皇后星時，必須考慮男女有別以及皇后星座落位置的旺弱，呈現方式大有不同。

☆皇后星資源星入六親區塊，皆主增加，以及親友間感情互動良好，有很深長的緣分。

皇后星＋資源星入其他區塊

1 手足區塊：兄弟姊妹間感情親密，特別是姊妹之間，彼此照顧，有好東西一定人人有分，不過仍是你會有較多付出。

2 婚姻區塊：男性的婚姻區塊落入皇后星當然很好，但對女性則較不利。你對另一半體貼入微，但卻不善於表達；而若是再遇到桃花星，異性緣更好。

3 晚輩區塊：對小孩無所不應，要什麼給什麼。如果不逢煞星，小孩多乖巧、孝順、顧家。

4 財政區塊：皇后星是財星，再加上資源星入財政區塊，代表計劃的事情都能順利進行，並得到利潤；或是可從不動產買賣中得到財富。若是從事房產仲介也是個不錯的選擇。

5 健康區塊：旺地皇后星加上資源星入健康區塊，留意身體發胖問題；若是陷地皇后星加資源星，容易有近視及消化系統的毛病，童年時容易暈車、暈船。

6 外緣區塊：在外人緣好，或是出國機會多，例如從事航空業、旅遊業；亦有移民的機會。

7 朋友區塊：工作上容易得到女性的助力；若是男性的話，再會到桃花星則容易有紅粉知己。

8 行政區塊：細心溫柔的皇后星，適合從事與女性相關的行業，如服飾業、彩妝美容業，或是在鎂光燈下工作，如演員、主播等等。當然也適合從事不動產行業。

9 房產區塊：與不動產相關的皇后星入房產區塊，可謂適得其所，且又有象徵增加的資源星，代表財庫豐足，是貨眞價實的富有之家。

10 欲望區塊：想得多的皇后星入欲望區塊，懂得爲自己的退休生活做好規劃，不管是財務或是心態的調適，都會提前做準備，因此多可享受優雅有品味的老後生活。

11 基因區塊：溫柔的皇后星是母性的象徵，皇后星加資源星入基因區塊，代表與母親的關係特別密切，且與母親緣分較深。

皇后星＋掌握星

★ 在東方星理學中，王爺星主發散、付出，皇后星主吸收、斂藏，所以當皇后星加掌握星時，必須先看王爺星的旺弱，以及三方是否有王爺星的照會。如果沒有旺地的王爺星加持，就算皇后星在旺地也是枉然，並沒有多大實質上的助益。

就如同一個天才音樂家，沒有好的老師栽培和父母的支持，長大後也可能只是個愛好音樂的人，而無法在音樂上發揮天賦才能。

☆皇后星是財星，逢掌握星時，雖然對財富的累積有幫助，但因爲皇后星的星性太過保守柔和，就算是充滿權力欲望的掌握星，也很難讓皇后星呈現重大的突破或改變。

就像一隻披著狼皮的羊，骨子裡就是頭羊，並不能成爲眞正的狼。因此逢掌握星的皇后星，反而會爲了賺更多的錢，而更加勞碌奔波，甚至得常常加班，或是做薪資較高的大夜班。

☆皇后星落陷時，多代表定力不足、意志力薄弱，遇到一點挫折就縮回去，或是會爲了環境而改變自己。這時遇到強勢的掌握星，可強化皇后星的柔弱，並改善這部分的缺點。

不過皇后星逢掌握星時必須先看其旺弱程度，以及三方會合星曜的吉凶，才能論斷對皇后星的磁場效應和影響力。

☆皇后星代表母親、妻子、女兒，逢掌握星入六親區塊，應注意與女性家人與朋友的互動關係。皇后星特別不喜歡煞星、阻礙星沖入，容易引發細故糾紛與爭執。

皇后星＋掌握星入其他區塊

1 手足區塊：家中兄弟姊妹的人數爲雙數，而且不管你排行第幾，大家都會比較聽你的話。

2 婚姻區塊：總覺得另一半管控太嚴、太多，而且動輒得咎，怎麼做對方都會有意見。

3 晚輩區塊：與孩子相處如同朋友一般，能用孩子能理解的方式溝通，互動良好。

4 財政區塊：愛財，也懂得勤奮努力賺錢進財，但若是皇后星位於陷地時則賺錢辛苦，勞心勞力。

5 健康區塊：注意腎臟方面疾病，陰虧、泌尿系統較弱，亦可能有皮膚過敏情況。

6 外緣區塊：溫柔體貼的皇后星落入外緣區塊時並不內向含蓄，相反地很活潑外向；若是男性則桃花豔遇更多。

7 朋友區塊：職場上女性對你的助力較多；若是女性的皇后星加掌握星入朋友區塊，身邊一定會有一群忠誠的閨密死黨。

8 行政區塊：皇后星細心，加上掌握星，思路清晰，特別適合從事有關市場調研、企劃管理、督導審核的工作類型；此外對於不動產相關的行業也很合適。

9 房產區塊：旺地的皇后星，可能擁有雙份不動產；若是陷地皇后星，則住家潮濕陰暗。

10 欲望區塊：雖是出於關心，但過分注重細節就顯得挑剔了，越在乎就越嘮叨，擅長疲勞轟炸。

11 基因區塊：象徵母星的皇后星加掌握星入基因區塊，想當然母親強勢能幹，家中多半是母親大人說了算。

皇后星＋顯耀星

★皇后星特質是孝順、顧家，個性保守內斂，且帶有柔和慢的特性，遇到愛表現、出風頭的顯耀星時，可以想見效果並不明顯。就算眞的出名，可能也僅止是在自家人，或是特定的族群、小眾團體裡，並非普羅大眾、大街小巷都知道的響亮人物。

★皇后星注重生活品味和休閒享受，是個很懂得營造生活情趣的人。若是總部逢皇后星加顯耀星（欲望區塊必為密探星），反而會因爲面子問題而顧慮太多，像是有客人來訪，會擔心家裡的佈置會不會太沒格調？準備的點心水果會不會不合口味？人家會不會嫌家裡太髒亂？凡事顧慮太多且太注重雞毛瑣事，反而失去了皇后星原本優雅的風格，不只生活品味降低了，還徒增自己的壓力煩惱。

★皇后星也象徵女性，顯耀星代表貴人，皇后星加顯耀星相當於女性貴人，但這是以男性的星盤作用力較為明顯。

☆皇后星加顯耀星入六親區塊，皆以吉論。如果落陷又逢煞星，反而不利於女性的親屬；旺地加顯耀星則表示親屬間緣分深厚，能互相輔佐提攜。

皇后星＋顯耀星入其他區塊

1 手足區塊：姊妹之情好過兄弟之間，不僅姊妹較投緣，且對你更有助力。

2 婚姻區塊：對男性而言，另一半溫柔賢慧又顧家，且外型靚麗；女性的另一半則較陰柔，欠缺衝勁。

3 晚輩區塊：小孩個性溫和、孝順顧家，而且還很會說好聽話。

4 財政區塊：財政區塊若入顯耀星，代表錢財露白，多是因自己不善理財而有所損失。若是皇后星落陷又加煞星，反而會因為自己愛炫富而引來是非糾紛。

5 健康區塊：體質虛寒，冬天常手腳冰冷；容易內分泌失調，且腸胃吸收能力不佳。

6 外緣區塊：出門在外容易遇到女性貴人相助，對男命來說尤其明顯，女命則較不顯。

7 朋友區塊：在朋友間小有名氣，或是多能得到女性員工、同事的幫助。

8 行政區塊：旺地皇后星加顯耀星，可從事不動產、營建業；陷地皇后星加顯耀星適合從事不動產經紀人、或是經營、銷售女性相關用品。

9 房產區塊：注重住家外觀與內部的設計，室內裝潢擺設走高雅氣質路線，房型多爲長方形；落陷皇后星則住家較陰暗潮濕。

10 欲望區塊：樂天知命，懂得提前規劃退休人生，注重生活品質和享受。

11 基因區塊：與母親的關係較親厚，每每遇到事情一定會先找母親討論溝通。

皇后星＋阻礙星

★皇后星孝順顧家，注重快樂享受，遇到阻礙星時，代表容易因爲自己或家人的因素而困擾，顧慮太多，反而減損福分。皇后星相當注重家庭，公私領域相比，絕對會以家庭爲優先考量。因此皇后星一遇到阻礙星，首先要注意的，就是家中成員可能因細故發生爭執糾紛，讓你憂心。

★皇后星偏重精神生活，也相當注重隱私，與王爺星相比，最大的差別在於王爺星外放、博愛、熱情，而皇后星內斂、專注、含蓄，兩者性質南轅北轍。當皇后星加阻礙星入總部時，表示會因精神空虛無聊、生活沒有重心、無法忍受寂寞等等，而經常往外跑，打發時間或尋求共鳴安慰。

☆皇后星位於陷地時，不宜再加上阻礙星或是煞星，代表意志力薄弱、沒有主見，容易因爲外在環境的變化，而改變自己原有的想法和計畫；耳根軟，受不了誘惑，就算知道做錯了，還是一而再重蹈覆轍、無力改變，就算旁人想幫忙也會怒其不爭，感到無力。

☆皇后星加阻礙星入六親區塊，皆主沒有緣分，白天生的人或是加會煞星時，負面影響更大。

皇后星＋阻礙星入其他區塊

1 手足區塊：手足有損；與姊妹間相處更明顯，常因小事情而起爭執。

2 婚姻區塊：另一半多疑、愛胡思亂想，或是常爲了小事而糾結爭吵，久而久之感情難免消耗變質，相當不利於婚姻。

3 晚輩區塊：子女有損；或是子女長大後多外出發展，不在身邊。

4 財政區塊：意志力不堅定且耳根軟的皇后星加阻礙星，常因聽信別人的意見或小道消息，而改變自己原有的投資方式和計畫，一遇到挫折又馬上後悔，或又改變想法，最後越弄越糟糕，進退兩難白白損失，非常不適合理財掌權。

5 健康區塊：多半屬於陰虛體質，生理時鐘常失序，導致精神衰弱；視力不佳，亦須注意膀胱、泌尿系統疾病。

6 外緣區塊：本就內向的皇后星遇到阻礙星時會更加自我保護，不愛外出，社交圈非常有限。

7 朋友區塊：小心下屬有盜用公款的狀況，或是受到朋友或下屬的牽連而蒙受損失，尤其多以女性為主。

8 行政區塊：創業之路艱辛，較不適合自立門戶；若是一般上班族，在公司中也多細故糾紛。

9 房產區塊：住所光線不佳，如果會到煞星，則容易有爭家產的情形。

10 欲望區塊：憂慮煩惱多，尤其擔憂經濟壓力，總是覺得缺錢而汲汲營營賺錢，不敢享受生活。

11 基因區塊：與母親之間的緣分較淡薄，或是代溝隔閡嚴重。

近侍星

Emperor bodyguard
皇帝のボディーガード
原爲：貪狼星

近侍星的變異

西元年尾數8：近侍星＋資源星
西元年尾數9：近侍星＋掌握星
西元年尾數3：近侍星＋阻礙星

近侍星＋資源星

★近侍星本是桃花星，遇到代表增加的資源星，更加重桃花特質，不只用情不專，還來者不拒，感情相當豐沛氾濫。如果再加會正學士星、副學士星，或是姻緣星、才藝星，異性緣更旺，愛玩也很會玩，娛樂場所夜店酒吧皆暸若指掌。

☆近侍星愛酒，喜歡呼朋引伴小酌或狂歡，美食美酒美女帥哥，都是近侍星的最愛。再加上資源星的加持，近侍星酒量更好、食量更大，對燈紅酒綠更加流連忘返。

☆近侍星雖愛新鮮，但本性也念舊，用過的東西都有感情捨不得丟，所以家中常堆積舊東西。加上資源星時，對收藏古物、古董、字畫等等都有幫助，不僅有利於自己收藏，在買賣方面也能獲利不少。

☆近侍星星性博而不精，個性浮動沒有定性，遇到象徵增加的資源星，這些特質更加明顯。凡事三分鐘熱度，雖然學得快，但沒有深入學習的耐性，看似樣樣懂卻樣樣鬆，較難有專精的技術，但點評出一張嘴卻很厲害，多為紙上談兵。

☆近侍星加上資源星入六親區塊，都代表「多出來了」，意味著區塊內的組成分子較爲複雜。

近侍星＋資源星入其他區塊

1 手足區塊：因爲父母的婚姻關係，家裡可能有同父異母或同母異父的兄弟姊妹。

2 婚姻區塊：對另一半相當照顧、疼愛，不過自己的異性緣實在太好，一不注意可能就被吸引了，感情生活相當豐富。

3 晚輩區塊：子女人數較多，或是有與不同對象所生的子女。

4 財政區塊：近侍星加上資源星並不代表增加財富，反而有借貸的含義，像是貸款、預支等等，財務方面可能出現問題。

5 健康區塊：腸胃的吸收力不好，大腸蠕動不佳，常常跑廁所。

6 外緣區塊：愛玩、個性外向的近侍星加上資源星，更增加了外出的機會，很愛往外跑，也愛呼朋引伴聚餐聊天，朋友五湖四海，交友廣泛。

7 朋友區塊：多是吃喝玩樂的酒肉朋友，可以共享樂，一旦遇到問題時沒有一個可靠。

8 行政區塊：工作量相當大；在投資理財上宜分散投資標的，避免投資風險，尤忌高槓桿操作。

9 房產區塊：雖然有資源星加入，但不代表家產多，只是住家附近可能有市場或公園，或喜歡種植蘭花。

10 欲望區塊：貪心的近侍星加資源星入欲望區塊，增加的是貪念，永遠不滿足，錢越多越好，欠缺安全感，一定會有私房錢。

11 基因區塊：父母的婚姻狀態較複雜，可能不只有一對父母，或者也會認義父母。

近侍星＋掌握星

★ 近侍星的星性是求多、帶有擴張性的，遇到掌握星時，能將擴張的特性做有效地收斂，讓多變的心思集中注意力，化解近侍星博而不精的缺點，變得能專心投入在研究、或是某些技藝的學習。

★近侍星加上掌握星時，若近侍星位於旺地，則會顯得專制、霸道，只要是喜歡的，無論人事物，都有非到手不可的決心，就算花費許多時間和金錢也甘願。

★近侍星星性輕浮不定，遇掌握星可集中，做事可專心，因此也增加了專業的競爭力與優勢，對於要自行創業的人來說會是很大的助力。

★近侍星除了是桃花星，也是才藝之星，加上掌握星時可提高才藝的氣質和層次，將原來的桃花轉化爲特殊才華，例如在藝術、娛樂、古董等方面有特別的造詣或研究。

★近侍星加掌握星入六親區塊時，不以吉論，大多會因爲利益分配不均而引發爭執。

近侍星＋掌握星入其他區塊

1 手足區塊：兄弟姊妹人數較多，且各自爲政，較少往來；若遇到煞星，則容易爲了爭家產而起爭執。

2 婚姻區塊：婚前戀愛過程風波不斷，爭執不少；婚後另一半管得多、管得嚴，恐怕會因此想往外發展，呼吸自由空氣。

3 晚輩區塊：子女多爲雙數，若加會煞星，可能有非婚生子女。

4 財政區塊：理財有道，守財有方，掌財權相當有一套，絲毫不輸給愛錢的財星司庫星。

5 健康區塊：留意肝膽方面的問題，或容易感染風寒；女性則要注意有婦科方面的毛病，常爲了腹痛或分泌物過多而困擾。

6 外緣區塊：近侍星入外緣區塊多主愛玩、也有很多玩的機會，但一加上掌握星則不同了，個性變得主觀、堅定，自己設定的目標相當明確，爲人精明沉穩。

7 朋友區塊：交遊廣闊、出手大方，對朋友頗爲照顧，必要時也值得倚靠。

8 行政區塊：多才多藝的近侍星加掌握星後，有專業技術，對設定的目標亦有執行力，可以獨立創業或成立工作室，能夠一展長才。

9 房產區塊：小時候可能有雙住所，而且頻繁往來；住家附近經常會種植蘭花或水果。

10 欲望區塊：近侍星加掌握星入欲望區塊，相當於把近侍星最貪心的一面展露出來，對錢財看得很重，而且佔有欲強，什麼都想要抓在手中，精神始終難以滿足。

11 基因區塊：代表雙數的掌握星入基因區塊，代表父母可能再婚，有新的爸爸或媽媽。

近侍星＋阻礙星

★近侍星善於人際往來、訊息交流，加上阻礙星時，連交際應酬都達不到實際的目的，就只是吃吃喝喝、玩耍打混而已，毫無建設性可言。

★近侍星本就喜好風花雪月之事，身爲桃花星不風流也難，再加上象徵是非的阻礙星，感情是非糾葛多，最好少去夜店，或避免複雜的交友關係，除了有染病風險之外，也要小心因色惹禍。

★近侍星雖帶有桃花之性，似乎對感情採取自由開放的態度，但其實近侍星只准自己博愛，卻要求另一半絕對忠貞，在感情上十分雙標。若再加上阻礙星，吃醋起來甚至會失去理智，做出激烈自殘的行爲，就算鬧得人盡皆知也無所謂。

★近侍星加阻礙星入六親區塊，都代表有不同程度的缺憾，不以吉論。

近侍星＋阻礙星入其他區塊

1 手足區塊：手足有損，或是可能發生不名譽的事。

2 婚姻區塊：夫妻間個性差異較大，觀念不合，難以心平氣和溝通，生活上各行其是甚至同床異夢。

3 晚輩區塊：與孩子間有隔閡，互動不良，不知該如何表達關愛。

4 財政區塊：勞心奔波努力賺錢，為錢傷神。可從事帶有是非性質或競爭性強的行業，例如律師、或是保險業務等等。

5 健康區塊：須留意肝臟問題，尤其小心肝硬化，或是與生殖器官相關的毛病。

6 外緣區塊：注意人際關係的維持，社交圈可以不用大，但好友和老友的經營十分必要；此外也要防範重大意外發生。

7 朋友區塊：交友需謹慎，免得受損友牽連；職場上也要小心下屬扯後腿。

8 行政區塊：適合從事競爭性強、或是爭議性高的行業。

9 房產區塊：家中磁場較亂，搬家頻率也比較高，不適合在家種植蘭花或白色香花。

10 欲望區塊：近侍星想的已經夠多了，再加上阻礙星，更會自尋煩惱，鬱鬱寡歡，常感精神空虛。

11 基因區塊：和父母緣分淡薄，可能從小多由保姆帶大，若是逢煞星，則可能是由祖母帶大。

密探星

Spy

スパイ

原爲：巨門星

密探星的變異

西元年尾數1：密探星＋資源星

西元年尾數3：密探星＋掌握星

西元年尾數7：密探星＋阻礙星

密探星＋資源星

★密探星化氣爲暗，星性內斂、不善言詞，遇到問題時多向內思考，不喜歡與他人討論，也不會表達出來，久而久之心中累積不少負面能量，自己又不善於排解，因此讓人感覺心事重重，甚至有點陰沉。

密探星不善溝通，認爲人際往來十分麻煩，也不懂得如何處理人際關係，所以多半獨善其身，管好自己就好了，不管別人閒事。

但密探星加上資源星則不同了，說話有條理，而且聲音甜美，甚至可以靠口才、聲音、開口賺錢。

☆ 密探星加上資源星代表開口財，開口說話就可以賺錢，例如教師、仲介、銷售、保險，而密探星又主是非，因此從事與是非有關的行業，如律師、調解委員等等都很合適。

不過也正因爲密探星帶有是非的特質，就算加上吉星，也還是要花費很多心思才能勞有所獲，如果再遇到煞星或阻礙星，更是勞心加勞力，賺來的都是辛苦錢。

☆ 密探星加資源星雖然有利於行運，但仍要保守謹慎行事，不要因順風順水而冒出大頭症，密探星最忌得意忘形、招搖張揚，是非麻煩和糾紛通常隨之而來。而資源星雖然代表錢財，但並非一帆風順，過程仍會伴隨些許不盡人意的狀況。

☆ 密探星代表的部位是口部，遇到資源星時可想而知必有好口福，而且胃口也不錯，食量也更好了，結果就顯現在身材和健康上，需注意糖尿病、高血壓、尿酸等問題。

密探星＋資源星入其他區塊

1 手足區塊：對兄弟姊妹多有照顧，但對方不一定懂得你的用心，也不一定會有回饋。

2 婚姻區塊：對另一半相當關心照顧，但兩人總是意見難一致，各自有各自的想法，甚至還會互相猜忌懷疑。

3 晚輩區塊：對孩子無微不至地照顧，但孩子不一定能接受你的方式，親子間的代溝隨著時間增加而日漸加深。

4 財政區塊：嘴巴是最重要的生財工具，開口生財，不過密探星多是非，得花心思處理許多瑣碎細節和麻煩，才能順利進財。適合從事教師、講師、顧問等行業，收入較穩定且細水長流。

5 健康區塊：注意牙齒、呼吸道以及肺經系統；另外氣血循環方面也較差。

6 外緣區塊：內斂的密探星加上資源星，口才流利、活潑外向，對於人際關係也處理得較好。

7 朋友區塊：朋友有難時必定有錢出錢，有力出力，但仍然很難有長久的知心朋友，甚至會發生自討沒趣的狀況。

8 行政區塊：適合從事與「口」有關的工作，不過密探星加資源星落入象徵事業的行政區塊，卻沒有因爲資源星而變得更順利，反而常爲了工作勞心又受氣。

9 房產區塊：同樣代表不動產增加，但住家內的財位應該穩定，否則易有財氣暗耗的狀況。

10 欲望區塊：資源星入欲望區塊代表老來有福氣，不過密探星加資源星也從口拙變成了話多，年紀越大越囉唆，擅長疲勞轟炸。

11 基因區塊：疑心病重的密探星加資源星入基因區塊，可能與父母間有誤會未解、或是話沒說清楚，而導致長久的心結；另外也可能代表父母離異後再婚。

密探星＋掌握星

☆ 密探星星性謹慎、內藏，是東方星理學中的黑暗星，必須有旺地的王爺星照會才能驅暗，讓容易負面思考的密探星轉為正向。密探星若只加上資源星或掌握星，雖可弱化不善言詞，甚至不經意便言語傷人的特質，卻很難改變密探星疑心重、容易猜忌的致命傷。

☆ 密探星逢掌握星時，如果能照會王爺星，非常適合從事與貿易相關的行業，尤其是遠離出生地往外地或國外發展，才華得以發揮，可以有不錯的際遇。

☆密探星加掌握星入總部的人，習慣暗中與他人比較，若見到別人比自己好，常忽略現實狀況，以及當下自己的實力和狀態，貿然就往前衝，雖然可以激勵自己前進，但過度的比較和嫉妒心，反而是給自己帶來困擾。

☆密探星口才不佳，若遇到掌握星反而變得更嘴硬、倔強，想法偏激，脾氣又臭又硬，有時明明是一件好事，偏能搞得大家都不高興。個性主觀，表面上似乎認同你的說法，其實心裡根本不以爲然，認定的事情很難扭轉，也無法被說服，因此在人際關係上有頗大的障礙。

☆由於密探星天性的不善言詞，遇到掌握星後會更收斂，心態上變得更謹慎小心，凡事都要仔細斟酌過後才會開口，不說沒把握的話，因此也養成了謹言愼行的習慣，讓人更覺得密探星的心思深沉、有城府。

★密探星加掌握星入六親區塊，爭執不少，不以吉論。

密探星＋掌握星入其他區塊

1 手足區塊：兄弟姊妹間的個性都很主觀，每個人都有各自的意見，很難達成共識，常爲了要說服對方而火冒三丈，不適合長時間住在同一個屋簷下。

2 婚姻區塊：夫妻間常爲了誰對誰錯、以誰的意見爲主而爭執不休，久而久之只有爭論，沒有感情交流，互動冷淡。

3 晚輩區塊：注重子女的管教方式，要求嚴格，如果再遇到煞星可能會體罰小孩。

4 財政區塊：賺錢方式多以口舌競爭，或以口語溝通、表達爲主；在家則主管財務收支大權。

5 健康區塊：注意口腔、食道、支氣管、腸胃等問題。

6 外緣區塊：密探星最愛自掃門前雪，但加上掌握星入外緣區塊，頓時化身路見不平拔刀相助的俠客，只要看不順眼的事情就會出聲發表意見，因此難免與人起爭執。

7 朋友區塊：身邊朋友們似乎說話都不怎麼好聽，也常可聽到他們對你的意見和批評，不過忠言逆耳，會給你指正意見的才是眞朋友。

8 行政區塊：說話有分量，容易讓人有信賴感，這樣的特質很適合從事行銷、拍賣、或是媒體傳播等相關行業。

9 房產區塊：家裡每個人都很有主見，都想指揮別人，每日爭吵不止，家宅不寧。

10 欲望區塊：固執且容易負面思考的密探星，加上掌握星，個性更加頑固難以溝通，一旦認定的事情打死也不會改，而且口舌犀利，年紀越大越難相處。

11 基因區塊：從小家教嚴格，父母親固執難以溝通，親子間相處很有距離。

密探星＋阻礙星

☆密探星雖是黑暗星，但在星性上也有旺弱之分，只是因星性斂藏、深沉，所以如同烏雲一般有蔽日的效果。如果再加上阻礙星，必須特別留意同一區塊或對面區塊星曜的連鎖反應。

☆密探星代表口舌是非，當遇到阻礙星時，更要特別注意容易發生口舌爭執，像是心急口快，說話不經思考，甚至是故意說話傷人的情況。不小心得罪人也就罷了，嚴重的話還可能有肢體衝突或被暗中報復。如果再加會煞星，惹官司跑法院也有可能。因此當行運走到密探星加阻礙星時，最好謹言慎行，少開尊口。

☆密探星善於暗中觀察、謀劃，沉得住氣，做事要求實際的效果和利益；不愛出風頭，也不喜歡參與公眾活動，喜歡在幕後旁觀做個局外人。尤其加上代表是非糾紛的阻礙星時，凡事不曝光、不求知名度，低調不引人注目最好，就算有出頭表現、享受大眾掌聲的機會也最好忍耐下來，曖曖內含光才能趨吉避凶，是密探星加阻礙星的人避險的最好辦法。

☆密探星入六親區塊本就不以吉論，加上阻礙星更是雪上加霜，親人間的感情是非紛擾糾纏不清，加會煞星時更可能有生離死別的現象。

密探星＋阻礙星入其他區塊

1 手足區塊：兄弟姊妹間感情淡薄，想法南轅北轍之外，更會爲了利益互相爭執，對外人都比對自己人要好。

2 婚姻區塊：晚婚爲宜，早婚多有不穩定因素，婚姻較難維持；或是夫妻間貌合神離，感情冷淡。

3 晚輩區塊：子女有損，若加會煞星，則可能有白髮人送黑髮人的徵兆。

4 財政區塊：密探星帶是非，所以可從事是非業，賺是非財，像是專門調解和處理糾紛的法院或律師；若再逢煞星，可從事耗費體力的工作。

5 健康區塊：牙齒不好，視力、支氣管較弱，或是注意聲帶受損的問題。

6 外緣區塊：密探星加上資源星時，個性外向，但加上阻礙星時則完全反轉，不愛出門，自我保護強烈，不愛與人交流互動，典型的宅男宅女，人際關係不佳。

7 朋友區塊：欠缺得力助手，就算身爲主管或老闆，也只能凡事多靠自己。最好不要與人合夥，免得人財兩失，錢沒賺到，連朋友也沒了。

8 行政區塊：職場上多是非困擾，勞心勞力卻不一定有相對報酬，小心不注意還會惹上官司。

9 房產區塊：住家容易有白蟻；若是行運走到密探星加阻礙星入房產區塊時，小心遇到小偷闖空門，貴重物品務必妥善保存。

10 欲望區塊：密探星加阻礙星入欲望區塊，消息特別發達，尤其是對八卦特別靈敏，常不經意間流通朋友們的隱私，無意傷人卻不自知，難免受到朋友們的反彈。

11 基因區塊：與父母間關係較淡薄，或是自小離家在外念書或工作，長久的分離，因此鮮少互動，較無交集。

總管星

General manager

管理者

原爲：天相星

總管星的變異

西元年尾數０：總管星＋阻礙星

總管星＋阻礙星

☆總管星爲掌印之星，逢阻礙星時，代表與印鑑相關的事或物出錯。例如使用支票或有價證券，與人簽訂契約，甚至是幫人背書當保證人等等，需要簽名蓋章的事務都要特別注意，否則容易因失誤而遭受損失。

☆總管星亦是代表衣食享受的星曜，喜愛華衣美食，注重自己的儀表形象，不管經濟狀況如何，吃穿都有一定水準。但總管星逢阻礙星時，衣著打扮方面雖沒有太大影響，但對於美食的挑剔和講究的特質卻不一樣了，變得不挑食，什麼都可以吃，有時甚至連虧都得吃。

☆總管星是個熱心、喜歡爲人服務的星曜，遇到阻礙星時，反而會因熱心過頭，遭來是非糾紛和埋怨。例如只是好心幫忙老人家辦理文件，沒想到文件有問題辦不下來，反而被認爲是爲了服務費而在中間做手腳，出人出力就罷了，出了事情還要擔責任，熱心變成雞婆，好心沒有好報。

☆在東方星理學中，總管星入總部的女性屬於宜室宜家的類型，就算在職場上有一席之地，但在家庭中仍然很願意擔當賢內助的角色，家務能幹，在工作上也能提供意見和助力。但若是總管星加上阻礙星時，情況則完全相反，總管星女性不僅不會成爲另一半的助手，反而比較願意自己自創事業，獨當一面，甚至希望另一半來助一臂之力，由以家庭爲重的類型轉變成事業爲主的女強人模式。

☆ 總管星加阻礙星入六親區塊，皆不以吉論。

總管星＋阻礙星入其他區塊

1 手足區塊：與兄弟姊妹之間的感情還不錯，但要盡量避免互相的信用背書、互當保證人的情形，以免互相牽連，影響手足之情。

2 婚姻區塊：戀愛時多波折，婚後感情日益轉淡，生活一成不變，較無情趣。

3 晚輩區塊：子女恐有損；或是突然冒出不同父母所生的兄弟姊妹，手足間的關係較複雜。

4 財政區塊：理財應謹慎，尤其是投資股票、期貨應特別留意風險；使用支票、信用卡也要小心出錯的狀況，因而蒙受損失。

5 健康區塊：留意泌尿系統的問題，以及預防糖尿病、腎臟病，以及膀胱方面的病變。

6 外緣區塊：爲人相當熱心，但好心幫忙卻不一定能得到謝意，甚至因此惹上麻煩，還是不要多管閒事的好。

7 朋友區塊：下屬員工較無助力，甚至可能扯後腿；也不宜當股東或與人合夥，擔當保證人或替人信用背書容易出問題。

8 行政區塊：注重外表、熱心服務，且對時尚敏感的總管星，相當適合從事服務業、服裝業，但若是加上阻礙星，則可能中年轉行，跳脫原本的行業。

9 房產區塊：恐有爭奪家產的情況，個人印鑑須妥善保存，不隨便簽署文件，以免名下不動產遭到變更。

10 欲望區塊：注重形象的總管星，做事態度求好心切，較爲理想化，常常把標準訂得太高，勞心勞力卻不見得有預期的成果，常感到空虛。

11 基因區塊：與父母緣分淡薄，或常有齟齬、摩擦出現，彼此不合。

監察史星

Censor

監察官

原爲：天梁星

監察史星的變異

西元年尾數2：監察史星＋資源星

西元年尾數5：監察史星＋掌握星

西元年尾數9：監察史星＋顯耀星

監察史星＋資源星

★監察史星象徵老人星，代表長輩的庇佑，加上代表多的資源星則有加重的含義，能承接來自長輩的事業或資源，或是不用辛苦地從基層做起，可以很快進入領導階層，資產增加的幅度自然較快。

正因爲是老人星，監察史星老成、穩重，不管是外表和心智都比同齡人要成熟不少，若再加上資源星，行爲思想更是早熟，有種少年老成的味道。

☆監察史星本就帶有孤獨的含義，遇到多多益善的資源星反而不利。若是青少年時期逢資源星，只顧著玩樂，不愛讀書學習；若是青壯年時期逢之，此時有承接祖業的機會，憑空得到龐大資源或金錢，怎麼能不好好吃喝玩樂享受一下呢？揮霍之下坐吃山空也很正常。若在老年時期時又加會澇神星和糾纏星，小心成爲需要社會救濟的無依老人。

☆監察史星也是賭博星和宗教星，逢資源星時應詳細查詢星盤的組合，再來判別其資源星的呈現方式。例如「軍師星、監察史星加資源星」的組合是帶有賭性和投機性的錢財；「王爺星、監察史星加資源星」的組合則是利用專業知識或才能，幫人排憂解難的所得；「貴妃星、監察史星加資源星」的組合則能享受長輩留下的財富，也可能藉由神佛之名爲人消災解厄。

☆ 監察史星加資源星不喜入六親區塊，反代表孤立，不利於親情緣分，反而容易因錢財問題而引起糾紛。

監察史星＋資源星入其他區塊

1 手足區塊：對兄弟姊妹相當照顧，但也容易因爲金錢的借貸或往來而引發糾紛。

2 婚姻區塊：和另一半容易因理財觀念不同而有爭執，財務最好各自獨立，免得傷感情。

3 晚輩區塊：努力賺錢提供孩子衣食無憂的環境，對孩子相當照顧，也代表自己相當拚命，才有能力給孩子豐足的生活。

4 財政區塊：偏財運不錯，而且多屬於投機性的錢財，若是行運走到監察史星加資源星時，可以多買幾張彩券，不過不要對金額抱太大希望，投機財多半留不住。

5 健康區塊：腸胃吸收能力不佳，容易皮膚過敏；此外也有可能體重增加。

6 外緣區塊：可遠離出生地到外地或國外求職工作，代表有遠方之財。

7 朋友區塊：對朋友講義氣，朋友有需要絕對義不容辭挺身而出；職場上對員工也相當照顧。

8 行政區塊：適合從事農產、宗教、銀髮族的生意，穩定性高的工作優先考量。

9 房產區塊：有祖產可承接；或就算沒有房產繼承，至少也能獲得長輩的資助。

10 欲望區塊：賺錢有道，物質豐足，退休後也懂得安排生活，心態健康，老來生活悠哉。

11 基因區塊：父母善良、高壽，與父母的關係深厚良好。

監察史星＋掌握星

☆ 監察史星的星性清高，若與位在旺地的王爺星相照會，更有一股清貴的氣質。遇到掌握星時，對掌握實權更有幫助，能快速進入權力核心，也更能發揮監察史星監督、管理的專業能力。

☆ 監察史星的本質十分心軟，常會擔心傷害到對方而開不了口罵人，在人事管理上並不擅長。監察史星擅長的是規劃、監督、執行，善於推動和協助專案的運作，較缺乏全盤統籌的概念，所以不太適合當發號施令的老闆，不過若擔當幕僚和副手，監察史星是相當可以依賴的人才。

加上掌握星時，監察史星的特質更加明顯，也更適合從事有關顧問、設計、會計、電腦、教育、管理等類型行業，也更能發揮監察史星獨特的專業能力。

☆監察史星也是理論之星，不過男女略有差別。男命個性樸實善良、樂於助人，而女命則聰明幹練、辦事俐落。不過無論男女命的共通點都是喜歡說教，凡事看不過去，都會出於好心糾正提醒，逢掌握星時更會加重這個特質，讓人覺得嘮叨囉唆，相當善於疲勞轟炸，而且年紀越大症狀更明顯。

☆監察史星帶孤，如果能照會位於旺地的王爺星，便可弱化這個特質，再加上監察史星加掌握星，執行力更強，職場上容易受到肯定，適合從事與大眾相關的行業。

☆監察史星加掌握星入六親區塊時，常會「算舊帳」，或有意氣之爭，並不能完全以吉論之。

監察史星＋掌握星入其他區塊

1 手足區塊：在兄弟姊妹間，你通常是決策決定者，大家也都聽你的指揮，只不過有時管過頭了，難免會引起反彈。

2 婚姻區塊：另一半說了算，家裡大小事都要先詢問另一半的意見，不過久而久之也可能出現陽奉陰違的情況。

3 晚輩區塊：對孩子照顧無微不至，無條件付出，但對小孩的期望也很高，雖是用心良苦，但孩子可能感受到的壓力也不小。

4 財政區塊：自己的錢一定要掌握在自己手上，也代表可能有兩份收入，因此蠻適合兼職、斜槓，發展另一條職涯路線。

5 健康區塊：多半有慢性胃病，另外也要注意風濕、皮膚過敏及神經痛等問題。

6 外緣區塊：重承諾、講信用的監察史星加上掌握星，交遊廣闊，在外人際關係不錯。

7 朋友區塊：喜歡任用並信任年長、資深的下屬；此外親疏劃分較明顯，喜歡組成小團體。

8 行政區塊：工作能力強，表現容易受到肯定，升遷速度快。加上代表雙數的掌握星，可能有兩份工作或從事兩種不同行業。

9 房產區塊：有承接祖產的機會，或有雙住所，兩處往來頻繁；亦有居家不穩定的含義。

10 欲望區塊：個性、想法獨特，主觀固執，認定的事情很難改變，相當欠缺安全感，總想要掌控周遭的一切。

11 基因區塊：長輩意見多、管的也多，家中事務不容小孩插手；如果再加上煞星，父母可能離異後再婚。

監察史星＋顯耀星

☆監察史星代表尊貴，加上顯耀星時，代表能得到達官貴人的幫助，像是遇到困難糾紛或官司時，可以遇到公正廉明的法官或有正義感的有力人士相助，不用走關係攀交情，自然能獲得助力。

☆監察史星也是老人星，因此當監察史星加顯耀星入基因區塊、朋友區塊、外緣區塊時，最能發揮年長貴人的優勢，遇事有人伸出援手，或是有困難時可找這些人幫忙，多半可以得到正面的回應。

★監察史星重視理論，加上顯耀星，代表學術研究、技術方法可以得到肯定與認同，在專業領域中能獲得正面評價和相關人士的信賴。此外，監察史星對於文字亦有相當高的敏感度，思慮周全、觀察敏銳，下筆犀利，因此也很適合擔任參謀、祕書等智囊團或管理人才。

★監察史星心地善良、心腸軟，遇顯耀星時更會轉化爲同情心和正義感，經常會參與公益團體活動，敬老扶幼、寒冬送暖、救助弱勢團體和救濟貧苦老人等等，都是監察史星加顯耀星會關注的範圍。

★監察史星加顯耀星入六親區塊時，雖然並非完美格局，但仍以吉論。

監察史星＋顯耀星入其他區塊

1 手足區塊：家中的哥哥姊姊對你相當照顧，只有舉手，就有人爲你出面解決，不過你若是排行老大，可能就沒這麼好囉。

2 婚姻區塊：男性可能娶年紀較長的姊姊，女性則可能嫁給年紀較大的另一半，且都屬於專業領域中的人才。

3 晚輩區塊：望子成龍，對子女的教育相當注重，孩子未來也可能在某領域中知名。

4 財政區塊：監察史星加顯耀星同樣是錢財露白，要有花錢的心理準備，只不過多半是花費在學習、進修、或是買教材及相關用品。

5 健康區塊：需特別注意腸胃問題，常常胃痛或肚子痛，再加顯耀星，容易轉變成痛風毛病。

6 外緣區塊：在外受歡迎、人緣好，交遊廣闊，也容易獲得長輩助力。

7 朋友區塊：交往的朋友多比你年長，在職場上亦可得到資深、年長且專業的下屬助力。

8 行政區塊：可選擇公家機關任職，或是發展某些專業項目的民營企業工作。

9 房產區塊：監察史星加顯耀星入房產區塊時，住家可能會來個大翻修，屬於舊屋改建或是重新裝潢。

10 欲望區塊：觀念傳統、想法固定，較難變通，喜歡維持固定的生活模式，退休後也能享受悠哉生活。

11 基因區塊：與父母互動良好，或可獲得父母留下的資源、財產或專業技能。

前鋒星

Vanguard
ヴァンガード
原爲：破軍星

前鋒星的變異

西元年尾數 3：前鋒星＋資源星
西元年尾數 4：前鋒星＋掌握星

前鋒星＋資源星

☆ 前鋒星主要的含義是除舊佈新，突破現狀，再造新的生機，加上代表增加的資源星時，更能使改變的規模及威力倍增。因此當行運走到前鋒星加資源星的結構時，應該要有全盤大改變的心理準備，尤其是當事業陷入瓶頸時，更該把握這個翻身的大好良機，提前做好妥善規劃，想必定有意想不到的效果。

☆前鋒星逢資源星時，三方中的行政區塊必定是近侍星加上阻礙星，因此前鋒星加資源星的變動，一定是因爲事業上的挫折而引起的。當象徵工作事業的行政區塊受困於不利時，細部的調整幫助不大，環境及趨勢會迫使你做出重大改變，而此時也正是改變行業，或是改換經營方式的最佳時機。

☆前鋒星的星性非常勇於嘗試新的事物，理念大膽且創新，不喜歡依循固有模式，只要是有興趣的事物，無論如何都要找機會試試看，逢資源星時，更會有別出心裁、有別於慣常模式的做法，或是提出令人耳目一新的新路線、新創意，因此很適合從事有關於設計、企劃、研發的行業。

☆前鋒星是個精力旺盛、衝勁十足的星曜，凡事只要下定決心，一定勇往直前頭也不回。也正因爲這樣衝動的個性，瞻前不顧後，加上資源星時更是馬力全開，只關注在自己設想的情境中，完全不想萬一發生意料之外的狀況時該有什麼樣的應變措施。

也因此，前鋒星身邊必須要有一個值得信賴的人，協助安排進度和處理細節，適時地幫他踩煞車，否則不顧後果的前鋒星很容易失速衝過頭，情勢大起大落。

☆ 前鋒星原本就是一個頗具爭議的星座，加上資源星入六親區塊時，於親情緣分上仍難以吉論。

前鋒星＋資源星入其他區塊

1 手足區塊：對兄弟姊妹不錯，但前鋒星的對待方式並不溫和，態度較粗暴直接，尤其若是加會煞星或阻礙星的話，就算有求必應，但口頭上仍會罵得很難聽。

2 婚姻區塊：適合晚婚，也代表可能有二度婚姻，若結婚對象是二婚的話反而較好。

3 晚輩區塊：對子女有求必應，保護無微不至，深怕受到一點點傷害。若是加會煞星或阻礙星時，孩子可能有特殊狀況，必須長期費心照顧。

4 財政區塊：前鋒星加資源星入財政區塊時，並不表示要發大財了，而是典當、貸款、或變賣而得的錢財，只是有價物變現而已。

5 健康區塊：注意消化系統的毛病，若再遇到煞星或阻礙星，小心容易發生意外傷害。

6 外緣區塊：精力旺盛的前鋒星落在遷移宮，喜歡往外跑，再加上資源星，在家更閒不住，喜歡在外自由自在。

7 朋友區塊：對下屬苦心栽培，但對方不見得領情，只好事必躬親，下屬不僅較少助力，還可能反過來刁難你。

8 行政區塊：可選擇再生、設計、回收改造等相關行業；若承接別人經營不善的公司、接手別人束手無策的單位或項目，重新改造下可能有起死回生、重新出發的機會。

9 房產區塊：住家可能是二手屋，或房子內部的漏水問題較難解決。

10 欲望區塊：個性粗枝大葉、衝動莽撞，動作粗魯又不拘小節，生活沒有情趣可言。

11 基因區塊：與父母關係不錯，有孝但不一定順，對長輩總是沒大沒小。

前鋒星＋掌握星

☆ 前鋒星的特質是容易接受新鮮事物和訊息，有開創力，而遇到有專注力的掌握星時，更加強了改造力和創新的動力，很有衝鋒陷陣披荊斬棘的魄力，喜歡主動出擊、迎接挑戰。

☆ 前鋒星加上掌握星時，從事武職較能出人頭地，若是入總部、分部、行政區塊，再加會科舉星、貴人星時，適合從事軍警武職，不會科舉星、貴人星，亦可從事保鑣、保全等，屬於體力充沛、閒不下來的性格。

☆前鋒星喜歡身體力行，自己摸索嘗試，熱愛新鮮冒險、刺激驚險的感覺，加上掌握星時更凸現這種特質，適合從事有危險性的行業，例如室外搭鷹架、大樓外牆清潔、操作重機械、廢棄物再生等類型的工作。

☆前鋒星天生反骨、不愛受管束，常爲反對而反對，加上掌握星後更是霸氣十足，不只思想主觀，認爲對的事情絕對堅持到底，不接受建議和勸告，我行我素，對他好他認爲是應該的，所以人際方面多半難有長久的朋友。

☆前鋒星是個善於開創不善於守成的星曜，只攻不守，並且缺乏成本概念，加上掌握星只是加強衝刺的動力和專注力，對於星性的本質並無影響。若借助前鋒星之力開創一番新局面之後，最好安排善於管理的人才接手經營，讓前鋒星有新目標繼續創新衝刺，否則由前鋒星繼續管理，難逃前功盡棄的結果。

前鋒星＋掌握星入其他區塊

1 手足區塊：兄弟姊妹之間都認為自己比較厲害，互不相讓、誰都不聽誰的，同住一個屋簷下難免吵鬧不休。

2 婚姻區塊：個性差異大，意見常分歧，各持己見難以溝通協調；若加會煞星或阻礙星，婚姻較難維持。

3 晚輩區塊：叛逆、反骨的前鋒星加掌握星入晚輩區塊，代表孩子個性主觀、剛強，說不聽、管不動，親子間互動衝突難免。

4 財政區塊：掌握星雖主掌控，但因前鋒星星性不主財，流年逢之，只代表借給別人的錢或積欠的貨款能收回來而已；另外也有信用額度緊縮的含義。

5 健康區塊：小心刑傷，若再加上煞星，容易有血光之災；此外身上總是傷痕累累或是有開刀疤痕。

6 外緣區塊：個性莽撞衝動，缺乏穩重性和耐性，小心在外動輒與人起衝突。

7 朋友區塊：員工、下屬流動性高，缺乏員工的助力；最好也不要與朋友合夥，以免到時反目。

8 行政區塊：喜歡新鮮刺激挑戰的前鋒星，不宜從事日復一日的工作，善於研發創新，可選擇高危險性、或是短期專案類型的工作。

9 房產區塊：住家容易出現漏水狀況，無論新屋還是二手屋都要特別留意防水問題。

10 欲望區塊：個性主觀，想法根深蒂固很難扭轉，而且年紀越大越固執，不好相處。

11 基因區塊：父母管教嚴格、管束很多，親子間的互動較有距離。

右護法星

Right custodian
右側の守護神
原爲：右弼星

右護法星的變異

西元年尾數 8：右護法星＋顯耀星

右護法星＋顯耀星

☆右護法星是輔助星，加上顯耀星，雖然也代表名聲和貴人，但必須要參考同區塊內的主星特性，才能判別是吉是凶。

例如若是與帝王之星皇帝星同區塊，或是與充滿霸氣的宰相星同區塊，因爲這兩顆星的星性與格局都比較大，逢右護法星加顯耀星之後，自然更加有名氣、屬於強勢曝光格局，對於想出名、想紅的人來說，當然是夢寐以求的格局。

但如果是與多口舌是非的密探星，或是與落於陷地的王爺星或皇后星同一區塊的話，反而代表爲盛名所累；如果是右護法星單守一個區塊，無主星在同一區塊，或是加會煞星、阻礙星的話，反而更會引來是非糾紛與麻煩。

☆右護法星本身並沒有特定的磁場，所以並無旺弱之分，加上顯耀星後，應該要依據同一區塊裡主星的旺弱，才能決定右護法星加顯耀星的強弱。

☆右護法星亦屬於異途功名的專屬輔助星，並非依常規途徑、或考試得到的資格，遇到顯耀星時，代表有貴人指引，不必辛苦摸索，自然有貴人介紹或提供機會，屬於無心插柳柳成蔭的格局。

右護法星＋顯耀星重點

- ✓ 右護法星是輔助星，本身無屬性，要依附主星來看。例如貴妃星＋右護法星＋顯耀星，加強的只有貴妃星的微弱力道；若是宰相星＋右護法星＋顯耀星，相當於強力大曝光，雖然不一定是好事情。
- ✓ 若是單守的右護法星＋顯耀星，對面區塊的星曜可以借過來看，但因爲是借的，所以無實際力量，或是力量不大。

正學士星

Schola
学士
原爲：文昌星

正學士星的變異

西元年尾數 6：正學士星＋顯耀星
西元年尾數 1：正學士星＋阻礙星

正學士星＋顯耀星

☆正學士星爲科舉之星，遇到同樣屬於名聲的顯耀星時，多屬於錦上添花，多此一舉而已。對於需要考試的人有利，但一般人行運逢之，只是有利於升遷而已。

★正學士星加顯耀星時，雖然也可以說是得遇貴人，但卻是屬於錦上添花的貴人，並沒有雪中送炭的實質效益。

★正學士星也代表文書契約，加上顯耀星後，對於需要發表學術研究或論文作品的人而言，有相當大的幫助，一般人遇到則多是代表契約的簽訂。

★流年遇到正學士星加顯耀星，代表訊息的傳遞，比如突然接到許久沒聯繫的朋友傳來訊息，中斷的消息重新連結，令人感到驚喜或意外。

正學士星＋阻礙星

★正學士星象徵科甲功名，代表透過正式考試所取得的資格。遇到正學士星加阻礙星時，想當然對升學考試或各類考試都很不利。就像平日在校成績非常優秀，但遇到大考時就生病發燒拉肚子，發揮失常，以至於考試成績不如人意。因此當求學階段遇到正學士星加阻礙星時，對讀書考運的影響不可小覷。

☆正學士星加阻礙星時，除了考試之外，也代表文書、契約、會錢、利息，或是因爲替人背書當保證人等等事情出了狀況，如果再加會財星或煞星，就會因爲上述這些事件出現狀況，而導致損失破財。

☆當流年遇到正學士星加阻礙星，大多表示消息中斷、爽約、或視力減退。

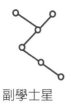

副學士星

Vice Scholar

準学士

原爲：文曲星

副學士星的變異

西元年尾數 4：正學士星＋顯耀星

西元年尾數 9：正學士星＋阻礙星

副學士星＋顯耀星

★正學士星和副學士星都屬於科甲之星，同樣代表名聲，但因爲星性不同，所以加上顯耀星之後的解讀也有所不同。

★正學士星屬於文貴，多代表文科考試、筆試，或是透過正式官方、國家考試認證的資格，例如高普考等考核通過的公務人員。正學士星著重文筆、思考，擁有官方認定的正式文憑和資格，是按照正規方式所挑選出來的。副學士星屬於文華，多代表術科考試，所以一般歸類於異途功名，比較注重口才和表達能力，也因爲副學士星的屬性爲水，所以比較文雅風流，還略帶一些桃花性質。

☆副學士星加顯耀星時，能增加一個人在語言方面的表達能力，對學歷未必有正面的加分作用，反而因爲加上顯耀星的影響，變得更愛表現、更愛出風頭，但若是身爲爲民喉舌的民意代表，口才流利能言善道或許更能贏得選票。

由此也可看出，副學士星加上顯耀星代表的是口才好、表達力更好，但對於實力、執行力卻不一定有加分作用。

☆此外，流年走到副學士星加顯耀星時，代表會在簡報發表、計畫推展時，容易以言詞取信於他人。

副學士星＋阻礙星

★在東方星理學中，副學士星同樣也代表科甲考試，所以加上阻礙星時一樣對讀書運、對各類考試不利。尤其是在求學階段時影響更大，亦是用來判斷學歷線的重要指標。

★副學士星加阻礙星時，對一般人來說代表口頭承諾或口頭約定，因為阻礙星的影響，多是對已經承諾或答應的事情反悔，等於說話不算話，或是隨便說說就算了，根本沒把自己答應的事情當一回事，因此也象徵個人信用方面的扣分，代表不守信用。因此，流年走到副學士星加阻礙星時，代表臨時改變主意、失禮、或是記憶力減退。

★正學士星和副學士星都屬於副星，加上變異星時，都應該要參考同區塊的主星，主星的特性能左右副星的影響力，尤其是在格局的組合上更是重要。

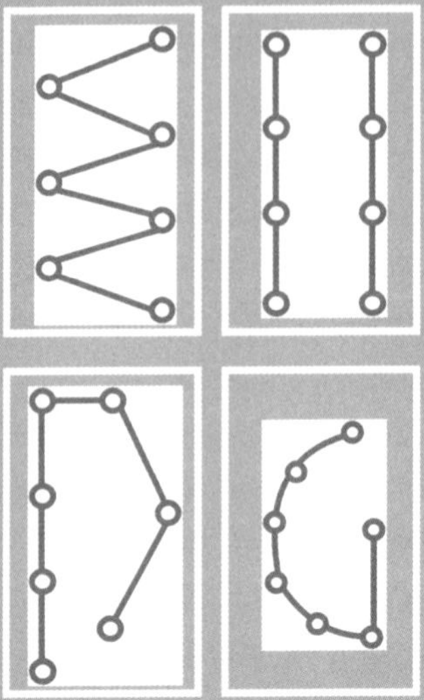

星盤中「空的區塊論法」

星盤中「空的區塊」論法

一般談到空的區塊，也就是沒有主星的區塊時，多半會用一句話「借對面區塊主星」帶過，無論是哪一個區塊，只要沒有主星坐守，都以借對面區塊的星曜特質來解釋。

但「借對面區塊」該怎麼借?借了之後的效果該怎麼論?

首先必須理解的是，空的區塊在借對面區塊主星時，與區塊內有實際主星的星盤，其實差別是很大的，以整個團隊來論的話，落差更大。我們可從兩個方向切入：

一、借對面區塊的主星後，需重新評估三方四正

在討論固定區塊時，無主星的區塊就可以借對面區塊的星曜來解

釋，其中尤以皇帝星＋將軍星同一區塊的星盤，星盤中出現空的區塊最多，整個星盤十二個區塊中就有四個空的區塊，因此不穩定性較高。

雖然空的區塊內無主星時，可借對面的主星特質來參考，但這只是暫時借用而已，並不是眞的把對面區塊星曜抓過來放就可以了，因爲一張星盤的完整性，需由總部主星的星性來主導整個星盤的運作。

因此在解釋固定區塊時，空的區塊雖可直接借對面區塊的主星特質來解釋，但有時借得很好，條理分明，甚至比正坐星盤還好命；但有時卻說來說去抓不到重點，似乎總部無主星的當事人，比正坐的命格要辛苦許多。闡述的差別在哪？其實就在於有沒有將空的區塊的三方四正一併考慮進來。

單論一個區塊，而沒有考慮三方四正整個團隊，解盤時就容易落入陷阱，而這也正是許多人對「借對面區塊主星」產生盲點或爭論的原因。論盤時要虛實整合，不能只粗略地將空的區塊直接借對面區塊主星來看，例如：

圖一是總部有軍師星＋監察史星正坐的星盤，圖二是總部爲空的區塊，借對面軍師星＋監察史星，這兩者的論法怎會相同？

軍師星＋監察史星的正坐盤，三方會到的是貴妃星＋皇后星，但如果是空的區塊借軍師星＋監察史星，三方會到的是王爺星＋密探星，如此一來，是正坐的好？還是借坐的比較好？這差別就在於王爺星位於旺地或落陷，差別就在這裡。

那麼借來的軍師星＋監察史星到底有沒有發揮作用？當然有，只是沒有想像中的效果。因爲正坐的，是自己眞正擁有的，而借來的，總歸不是屬於自己的，只是暫時擁有，或者如同照鏡子一般，長得像而已，有其形卻沒有百分之百的特質。

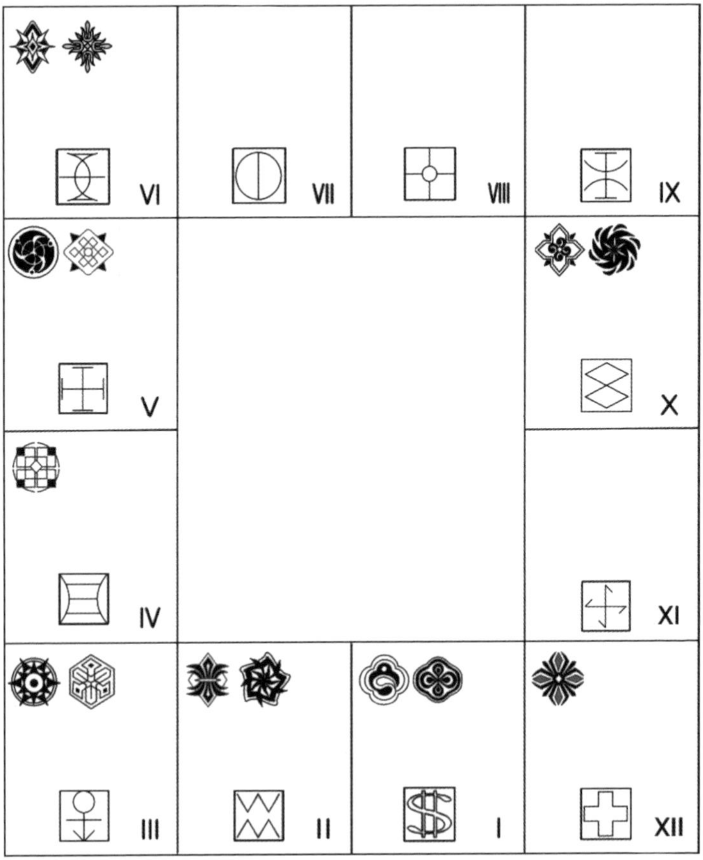

圖一：總部在Ⅴ位，主星為軍師星＋監察史星。

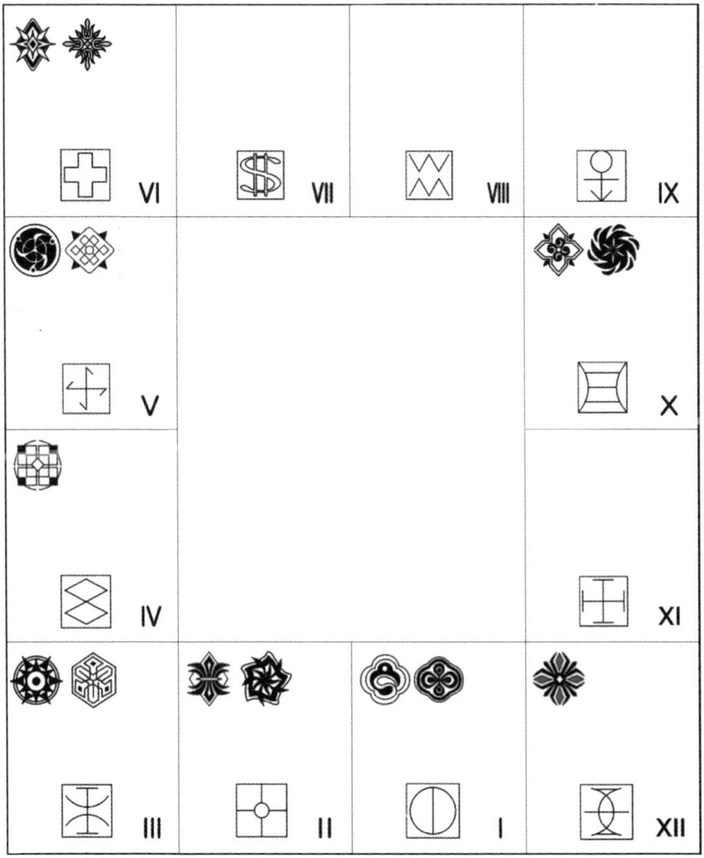

圖二：總部在XI位，沒有主星，借對面區塊的軍師星＋監察史星。

二、庫銀星、正學士星、副學士星，以及馬前卒星、後衛兵星、火神星、旱神星等煞星獨坐，無法借對面區塊主星

空的區塊內有庫銀星、正學士星、副學士星、馬前卒星、後衛兵星、火神星、旱神星等星曜獨坐時，就不能再借對面區塊的星曜來論這個區塊，必須用「庫銀星獨坐」或「煞星單守」來論。假如區塊內沒有主星，只有乙級星或丙級星時，此時乙或丙級星就會開始發揮作用，也就是乙級星或丙級星的影響力會增強。

在討論空的區塊時，千萬不能認為將對面區塊主星的解釋照搬過來即可，有時可會差了十萬八千里，就如空的區塊內沒有主星，卻有乙、丙級星在其中，解釋便大不相同。

以星性而言，乙、丙級星就如同家裡的小朋友一樣，家中沒大人時當然就是小孩的天下囉！無大人管束，小孩調皮搗蛋樣樣來，因此

絕對與主星正坐的星盤論法不同，因爲星曜能量差異不同，自然會有層次的劃分。

但爲何空的區塊裡有左護法星、右護法星、科舉星、貴人星坐守時，一定要借對面區塊的星曜來參考呢？因爲這些是輔助星，並非主星，無力當家；但爲何正學士星、副學士星坐命時卻不能借對面區塊呢？因爲正學士星、副學士星是副星，不是輔助星，副星有其星性，而輔助星無論吉凶，依主星而定，遇吉幫吉，遇凶幫凶，所以正學士星、副學士星入任何一個區塊，就不能再借對面區塊主星來論。

任何空的區塊都必須考慮這兩個重點，首先是借對面區塊主星後，需重新劃分三方四正，要有全面性的考量，有時借可以借得好，有時不能借，或是借過來卻反而借得糟，不能單以一個區塊論好壞吉凶，須得全盤考量。

其次是除了三方四正不同之外，借過來的旺弱更爲重要，借、不借兩者間的落差和影響力相當大。

三、借對面區塊要參考星曜旺弱

❖軍師星＋監察史星正坐 vs. 借軍師星＋監察史星

例如前面提到的圖一、圖二，軍師星＋監察史星在Ⅴ、Ⅺ區塊有正坐與借來的之分，正坐會到的貴妃星＋皇后星，這是一個守勢的組合，皇后星的星性本就保守而溫和，軍師星＋監察史星帶有孤僻特性，加上溫呑內縮的皇后星，只會讓人覺得更內斂，萬一再會到煞星則更嚴重，甚至變得古怪。

但如果是借軍師星＋監察史星，會到的是王爺星＋密探星，如果是會到旺地的王爺星，那麼古怪的個性就沒了，性情較爲開朗熱情，因爲王爺星不只可以驅除密探星的暗，也能解監察史星的孤，這就是正坐與借來的的差異之處。

❖皇帝星＋將軍星正坐vs.借皇帝星＋將軍星

皇后星＋貴妃星在Ⅰ位正坐時是旺位，一旦借到對面區塊的Ⅶ位去，反而是落陷的位置，情況便截然不同了。

假設某人的總部主星是皇帝星＋將軍星在Ⅻ位（見圖三），基因區塊在Ⅰ位則爲空的區塊，借對面區塊Ⅶ位的落陷皇后星＋貴妃星過來後反轉爲旺，這種情況下的皇帝星＋將軍星在Ⅻ位總部時，反而比較好命，也可能有較多祖產、資源可得。

反觀皇帝星＋將軍星在Ⅵ位總部的人可就沒那麼幸運了（見圖四），因爲這時基因區塊借過來的旺地皇后星＋貴妃星，借到Ⅶ位後反成落陷，基因區塊弱，資源自然減少，加上房產區塊搭配落陷的王爺星，一切只能靠自己打拚囉！

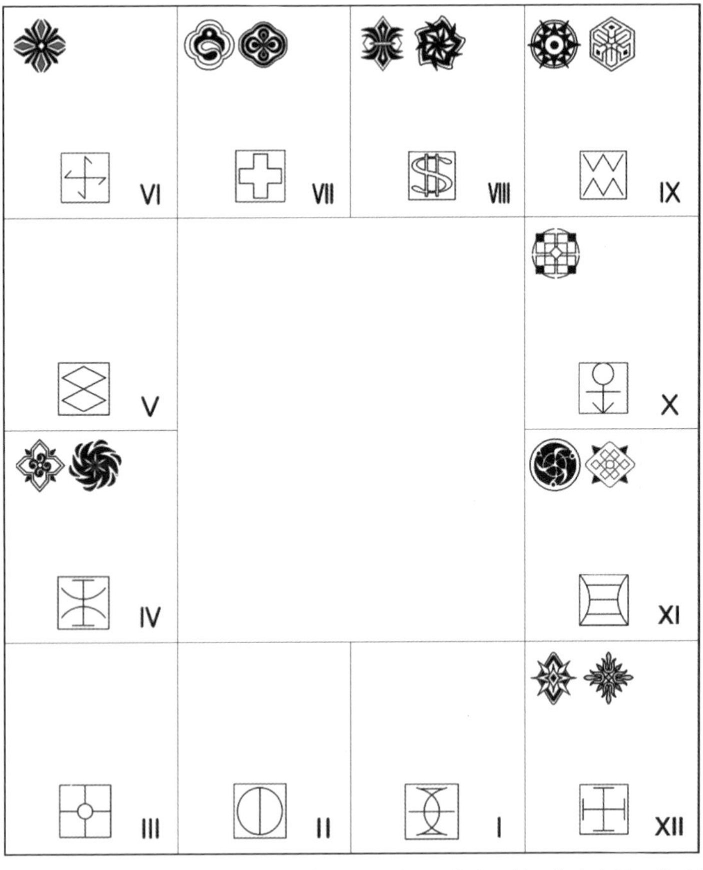

圖三：總部在XII位，主星為皇帝星＋將軍星；基因區塊在Ｉ位，沒有主星，借VII位的貴妃星＋皇后星。

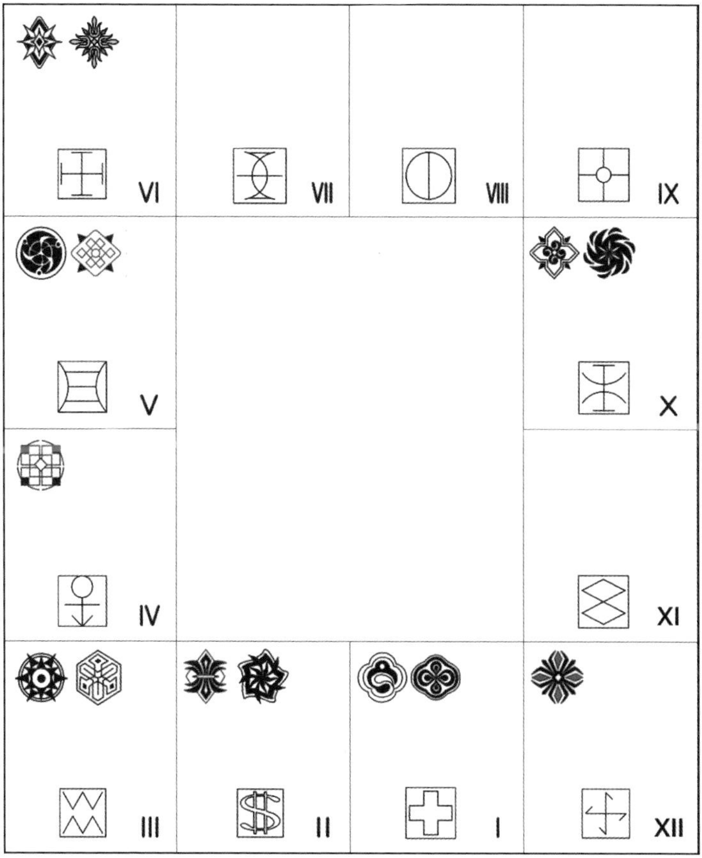

圖四：總部在VI位，主星為皇帝星＋將軍星；基因區塊在VII位，沒有主星，借 I 位的貴妃星＋皇后星。

❖軍師星＋密探星正坐 vs. 借軍師星＋密探星

軍師星＋密探星的正坐與借來的也大不相同（見圖五、六）。

正坐的軍師星＋密探星（見圖五），三方四正會到貴妃星，所以會有貴妃星、密探星的特質；借來的軍師星＋密探星（見圖六），會到的是監察史星，那就變成了軍師星與監察史星的組合，因此借來的軍師星＋密探星入總部，會比正坐來得好，外型也較好看。

爲什麼借來的軍師星＋密探星反而比較好呢？因爲正坐的軍師星和密探星的通病就是疑心病重，凡事抱持懷疑的態度，而且不想辛苦地賺勞力財，喜歡憑著縝密的思考力來動腦賺錢，加上行政區塊借王爺星＋皇后星，有日夜忙碌的特徵。只不過表面上借王爺星＋皇后星似乎借得很漂亮，但僅有總部在Ⅳ位的軍師星＋密探星才算有眞實力，因爲借來的王爺星可以處於旺地，才能有實力和威力。

反之，借來的軍師星＋密探星，密探星是虛的，只有外型而已；

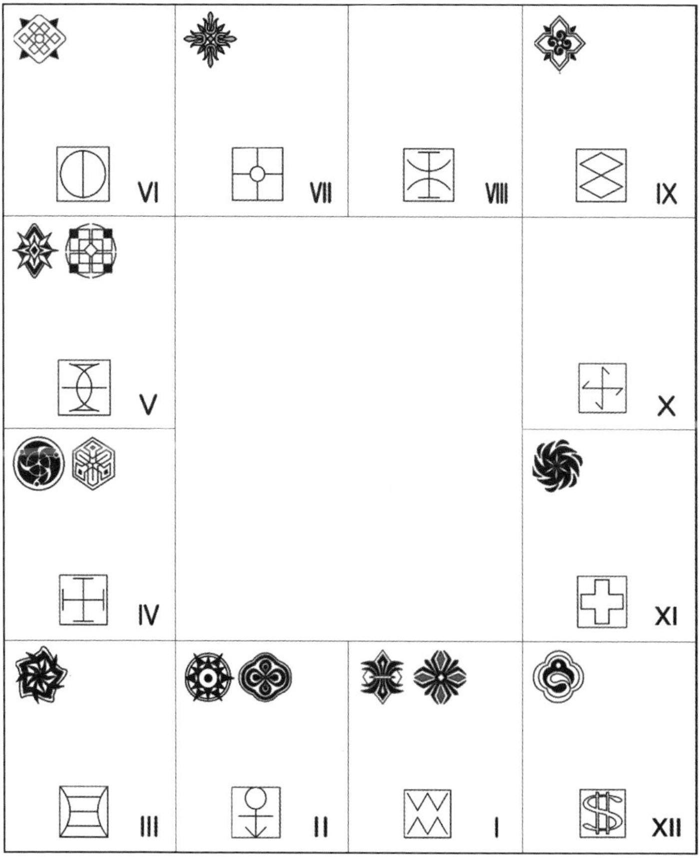

圖五：總部在IV位，主星為軍師星＋密探星。

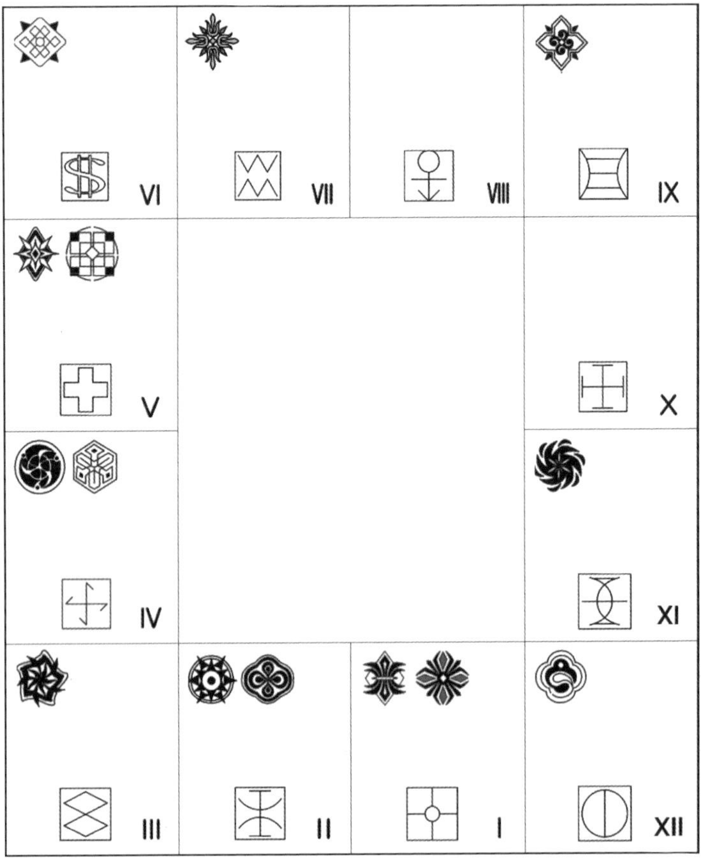

圖六：總部在Ｘ位，沒有主星，借對面區塊的軍師星＋密探星。

而正坐的軍師星＋密探星的密探星是實的，王爺星卻變成虛的，千萬不要小看這一虛一實，兩相差別可是非常大的。

在《東方星理學3——雙星互聯篇》的「軍師星＋密探星」單元中，提到過這個組合的婚姻區塊正是王爺星＋皇后星，對待感情的態度總是忽冷忽熱，舊情復燃機會最高的也是王爺星＋皇后星的組合，因爲王爺星＋皇后星總是虛虛實實，說好聽是陰陽循環日夜不息，其實也正是一明一暗、忽冷忽熱，與另一半的互動總是如此不斷反覆。就算軍師星＋密探星人很喜歡你，也不會輕易地表現出來，反而喜歡用很多方式不斷測試，看看你是不是夠眞心？是不是夠堅定？欲擒故縱、忽冷忽熱，只要一察覺風吹草動，就會覺得：「我的懷疑果然沒錯，你就是經不起考驗。」其實這麼大費周章，只是因爲內在的疑心病、不信任感，所以才會用這麼扭曲的方式對待感情關係。

這類感情上忽冷忽熱的對待關係，不只有軍師星＋密探星會如此，王爺星＋皇后星在總部的人也會有這種狀況，畢竟本性中就帶有反反覆覆的特質，今天和明天的心情不一樣，喜好不一樣，對待感情時也同樣會有冷熱不一的狀況。而這也是爲什麼在感情世界中，軍師星＋密探星和王爺星＋皇后星這兩種組合的人心性最難捉摸的原因。

不過，雖然一樣都會到王爺星＋皇后星，但借來的的軍師星＋密探星卻比較好命，因爲欲望區塊的主星爲貴妃星，福星入欲望區塊可說是適得其所。如果是正坐的軍師星＋密探星，會到的卻是借來的王爺星＋皇后星，行政區塊反而不穩，漂亮的事業線其實只是虛有其表，兩者差別不只一點而已。而且正坐的軍師星＋密探星，自視較高，對不熟悉或不認同的人、事、觀念等，都比較不願意接受，有抵抗心態；借來的軍師星＋密探星則比正坐的好許多，唯一要注意的，是王爺星＋皇后星有旺弱之分，因此從X位借過來IV位的軍師星＋密探星，會比從IV位借到X位的軍師星＋密探星要漂亮得多，因爲王爺星在旺地時，才有威力驅密探星的暗，落陷王爺星的力道是不夠的。

因此分析星盤的時候要注意，思考邏輯必須留意星性的旺弱，注意借來星曜本身的旺弱差異，才能判斷出何者能帶來實質的幫助，何者只是虛有星性的空殼而已。

❖王爺星＋皇后星需看落點以及性別男女

如果是王爺星＋皇后星正坐，無論男女，都要先區分是王爺星還是皇后星比較旺（見圖七、八），女命若是王爺星在旺地，那麼肯定能力不錯，相對也要辛苦一點；而如果男命是皇后星在旺地，那麼婚姻則會備受考驗。不過若王爺星＋皇后星是借來的，就不會有這些問題了，雖然與另一半的互動不良不會那麼嚴重，但星性特質仍然存在。例如，男命借王爺星＋皇后星入總部，但落點是皇后星比較旺，那麼性格中陰柔特質會較強，也會帶點潔癖，個性也較陰晴不定，這種個性特質即使是借來的也一樣，只是正坐時會更明顯而已。因此皇后星或王爺星坐命，一定要仔細判別總部是旺地還是落陷？當事人是男性還是女性？男陽女陰相安無事，若是男陰女陽則就累了，尤其女

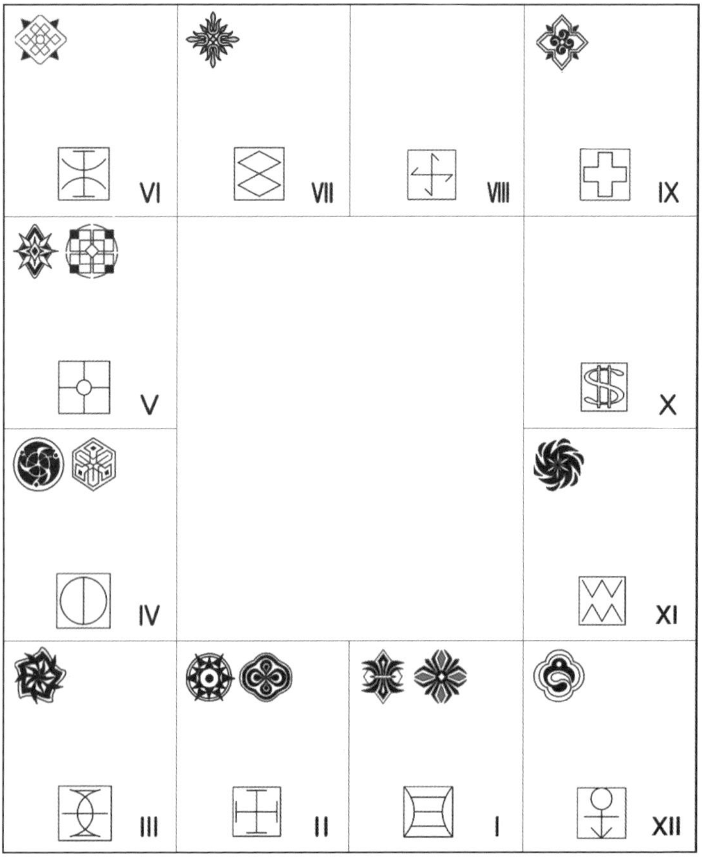

圖七：總部在II位，主星為王爺星＋皇后星。

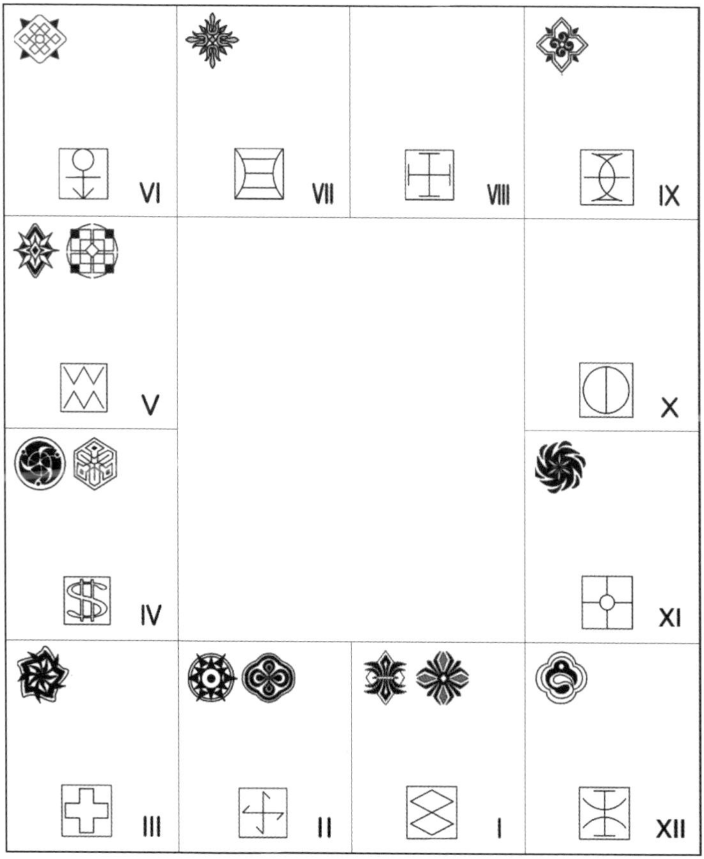

圖八：總部在VIII位，沒有主星，借對面區塊的王爺星＋皇后星。

命王爺星又在旺地更累，事業家庭兩頭顧的女中豪傑，能者多勞，大事小事通通包，只是對於當事人來說，實在頗爲辛苦啊！

四、將軍星、前鋒星、近侍星格局的正坐與借坐探討

借來的星曜旺弱問題，除了王爺星＋皇后星組合之外，司庫星＋近侍星在II或VIII區塊的組合也有類似的狀況，因爲司庫星＋近侍星從VIII區塊借到II區塊，和從II區塊借到VIII區塊，特性大有不同。此處的重點是II、VIII區塊都屬土，但VIII區塊是木庫，帶有木的特色，所以近侍星的特質較明顯；反之，II區塊是金庫，暗藏金的成分，因此司庫星的特性較強。所以在論人格特質和心態上，這個區塊由哪個主星主導，便會有明顯的不同（見圖九、十）。

此外，正坐格局與借坐格局當然也不一樣，正坐的司庫星＋近侍星三方四正構成積極突破的組合，喜歡帶頭衝刺的特質明顯，而喜

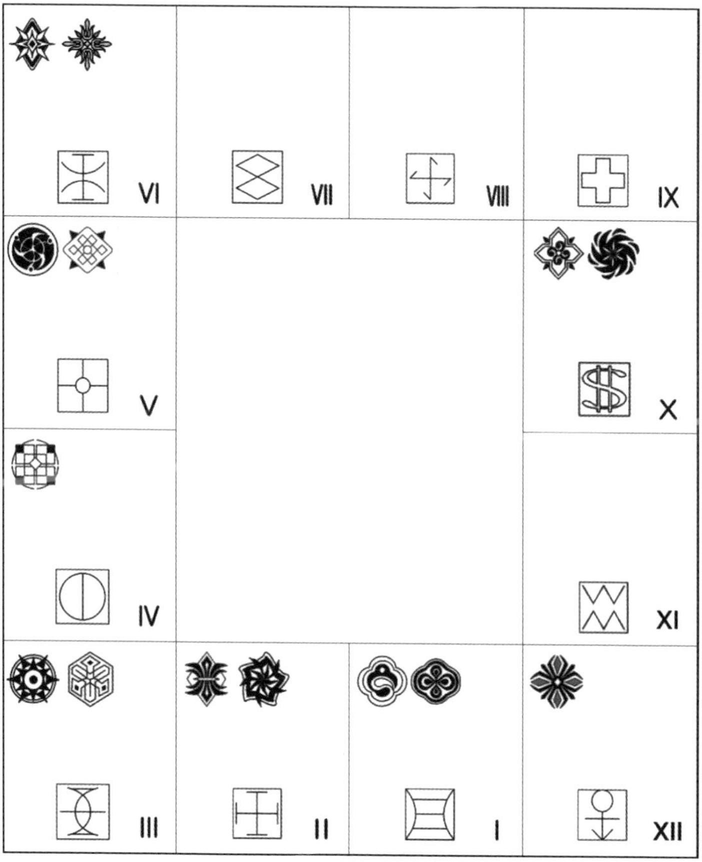

圖九：總部在 II 位，主星為司庫星＋近侍星。

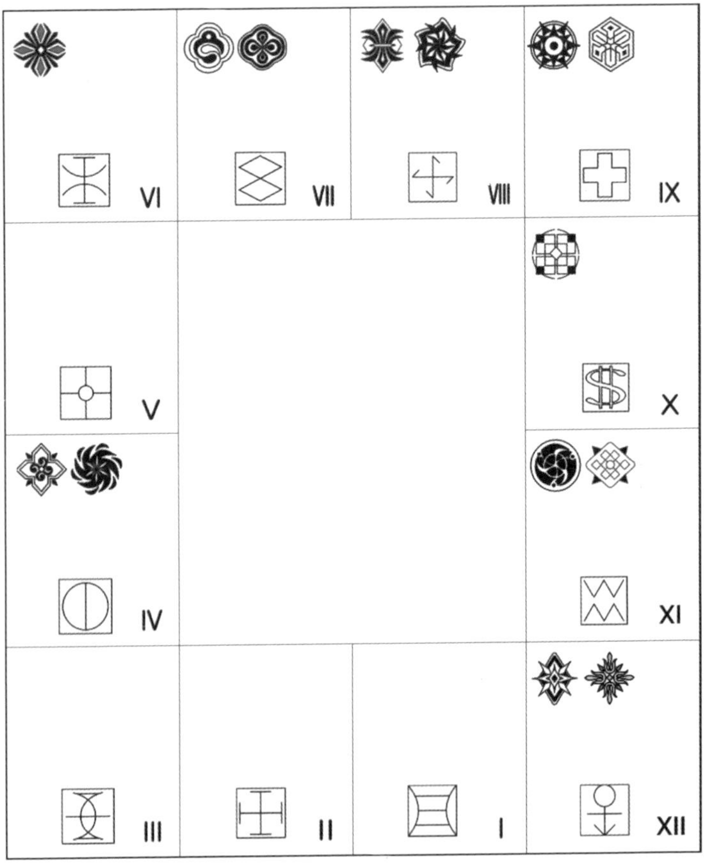

圖十：總部在 II 位，沒有主星，借對面區塊的司庫星＋近侍星。

歡衝什麼？司庫星旁邊是近侍星，當然是衝刺賺錢囉！同樣地，也因爲受到這種標準的衝鋒陷陣格局影響，人生曲線大起大落的狀況免不了，因爲衝得越快、爬得越高，越容易摔得重、跌得深；反過來說，如果是空的區塊借司庫星＋近侍星，層次則不一樣，三方四正遇到的是宰相星和總管星，絕對是資源豐富，好命得多多了。

在單星時提到過，星盤屬於強勢積極組合的人，每一個到這世上都是來冒險打拚的，只要總部三方是將軍星、前鋒星、近侍星的格局，就難以避免大起大落的命運，無論是性格所致閒不下來，或是無奈被環境所迫，總之不拚都不行！連十年大運走到這種組合都同論。

但若是借來的司庫星＋近侍星入總部，那可就漂亮多了！因爲總部無主星的人，性格態度會較柔軟被動，企圖心一樣有，但懂得用巧力，知道適時示弱扮豬吃老虎，讓人感受不到威脅感，雖然心態上沒有正坐那麼積極，但卻懂得聰明地迂迴前進，或是借力使力，讓他人助自己一臂之力，甚至運用口才就把事情搞定，不需自己衝鋒，仍然可以達到自己的目的。

若是總部爲空的區塊，但裡面只有一顆馬前卒煞星，那麼對面的司庫星＋近侍星就借不過來了，形成煞星單守總部。這顆馬前卒星可讓整個格局天翻地覆大不相同，原本只是空的區塊，借對面星曜特質過來，再看三方會到的星曜即可，但這時馬前卒星佔據了總部，一顆煞星帶頭全力衝刺，不計代價不論後果，當然同樣難逃大起大落的命運。再者，煞星單守對於本身健康，以及對身邊親人間的互動，也會帶來不小的殺傷力，因此千萬不能忽略煞星獨坐總部的威力。

皇帝星＋近侍星在IV或X區塊正坐時，同樣也屬於積極突破的組合，這種人絕對是領導大家往前衝的帶領者，對他而言，有表現才能讓人看到實力，尤其當欲望區塊有顆急公好義的總管星時，不只作風強勢，還喜歡幫助弱小，也不管別人想不想要、接不接受，總是表現出一副「聽我的就對了」的態度，人生不能沒有展現能力的機會和舞台，精彩豐富的人生比平淡安穩更值得追求。

如果皇帝星＋近侍星是用借的（見圖十一、十二），那麼整張星盤就完全不一樣了。因爲三方四正的團隊不同，想法、作風上自然也天差地別。不管是正坐或是借對面區塊主星，只要是皇帝星＋近侍星的組合都帶有桃花特質，正坐的皇帝星＋近侍星絕對是主動出擊的一方，而借來的皇帝星＋近侍星則會採取被動的姿態，再三評估觀察後，才會決定要不要迂迴前進。雖然兩者之間有差異，但皇帝星＋近侍星的瀟灑風度與愛玩重情的特質卻都同時具備，都有相似的嗜好與共同的特性，表面看來差不多，只在於主動或被動、開放或內斂的不同，但其實以格局來說，仍是大不相同。

畢竟借來的星曜，沒有正坐主星那種與生俱來的本能反應，也就難以自然地展現星曜原有的力量，近侍星桃花發電機的電力自然威力要減弱許多。不過這不代表就不桃花了，只是轉爲被動，或是有色無膽而已，若是正坐的話，肯定主動出擊、絕不客氣。

星盤在借來的與正坐之間，我們要思考的是這兩種看起來似乎差

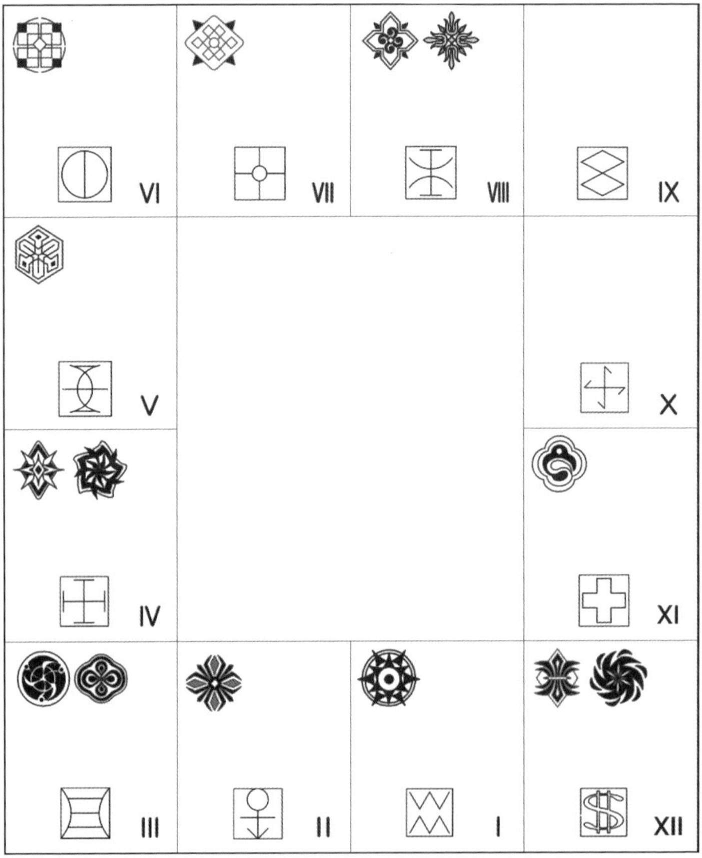

圖十一：總部在IV位，主星為皇帝星＋近侍星。

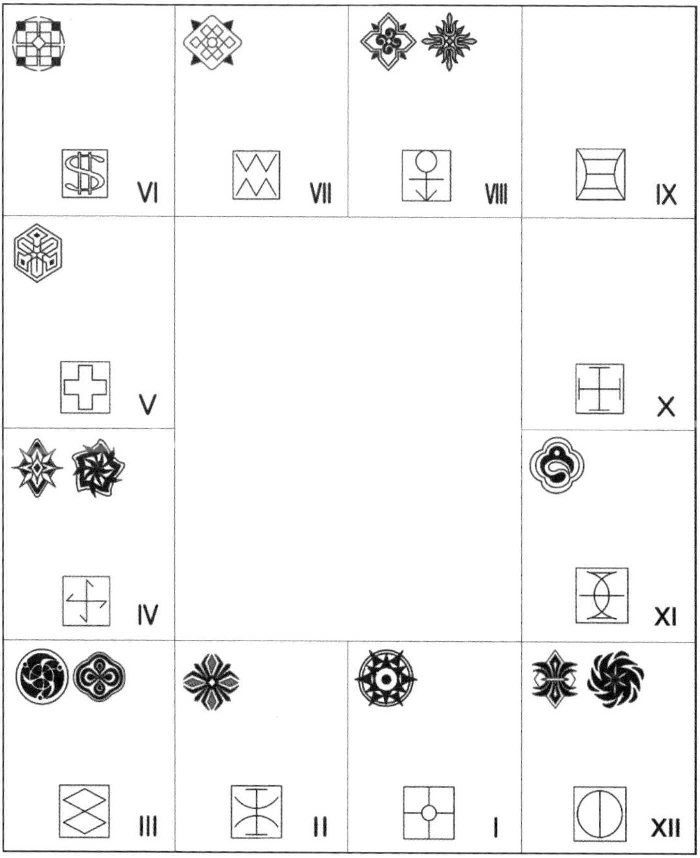

圖十二：總部在Ⅹ位，沒有主星，借對面區塊的皇帝星＋近侍星。

不多的盤，爲何在想法和行爲模式上有這麼大的差異？關鍵就在於有主星與無主星的坐命，兩者意志力的比較。總部有強勢主星的人，表達方式直接了當，當他想這麼做的時候，就會明確地展現出來；而借來的人，身段比較柔軟，什麼事都好商量，換個角度說，似乎是個意志力薄弱沒有主見的人，不過實際上還得看借了什麼星，才能判斷是披上哪一種面貌外衣。

千萬別認爲正坐盤和借坐盤看來看去都差不多，而且主星位置都還是在Ⅰ、Ⅱ、Ⅲ、Ⅳ的位置，因此就認爲格局與運勢都雷同，這其中其實有天與地的差距！例如皇帝星＋近侍星會到的團隊是衝鋒陷陣的組合，必須帶頭往前衝；而借皇帝星＋近侍星會到的團隊則是宰相星和總管星，代表衣食享受不缺，身段柔軟不愛強出頭，只要善用資源，自然有人爲他清除前路障礙。

空的區塊組合好壞的差異，其實有很多細微之處需要仔細判斷，總部的主星旺弱、三方四正的組合都要細細評估，無論是正坐或是借來的，這個理論永遠不變。許多人可能認爲，是不是總部無主星，或是總部星曜太弱的人，除了運途辛苦，一輩子是不是就難有大成就了？其實未必，許多政商名流的命格也不見得好，但仔細研究爲何可以有如此突出的發展？其實可能是漂亮的朋友區塊帶來了關鍵性的助力，星盤呈現眾星拱月的局面，當事人自然省力輕鬆多了。

五、強勢總部或空的區塊，不是成功的絕對因素

強勢主星入總部的人，凡事喜歡主導掌權，事情交給別人總覺得無法放心信任，以至於大小事一肩扛，自己忙著衝鋒陷陣，下屬反而只需要搖旗吶喊。因此哪一種星盤算是好命可說見仁見智，有人覺得讓專業的人來做專業的事，當事人只需要管理調度，既可讓事務進行事倍功半，自己也省得輕鬆愉快；有人則覺得事必躬親才有成就感，爲了成就感這三個字付出心血、青春、一輩子辛勞也無怨無悔。

以客觀的角度來說，無論總部是弱勢或強勢星曜，展現的就是你的人格特質和行事作風，弱勢星曜於總部未必就不會有成就，強勢主星於總部也未必一定風光，因此每個星曜的星性沒有所謂的「好」或「不好」的絕對差異，命運的高低優劣完全要看整張星盤的組合，才能準確判斷。就星盤整體結構性是否均衡來說，皇帝星＋宰相星坐III、IX區塊的盤爲最佳，因爲這張盤上每一個區塊都有主星，不會有空區塊的問題，以及因爲煞星帶領而無制的狀況，所以整體架構最穩定也最佳。舉例來說，連◯先生的總部便是貴妃星＋資源星，朋友區塊是皇帝星＋總管星；宋◯瑜先生則總部無主星，借貴妃星＋監察史星，朋友區塊則是總管星，這兩位都是心思縝密的高明人士，毋需和別人擠破頭來搶鏡頭、爭資源，亦是天生容易受到擁戴的命格。爲什麼會如此？因爲他們的朋友區塊都有總管星，都比總部強勢，自然會有許多得力人士來支持、相助。所以千萬不要低估總部無主星的命盤，這些關鍵必須細細拆解，方能理解其中奧妙之處。

六、掌握星性，活用格局

以皇帝星＋宰相星入總部來看，總部有兩大主星同時到臨，這是多麼威風的命格！但事實上眞是如此嗎？或許外型看起來確實很有氣勢，但實際上做的事情不比人少，賺的卻未必比人多。這是因爲星性太強勢了，希望自己比別人有更好的表現，因此給自己許多壓力，不斷自我鞭策，不斷追求更好的成績，難免辛苦。這就是主星星性強弱的差異之處，強勢主星不需要別人要求，也不喜歡別人指揮督促，自己就會給自己壓力；而總部是弱勢主星或無主星的人，態度就沒那麼積極，怎麼輕鬆怎麼來，努力過就很好，不需要太強迫自己。

星性的參考本來就是一個人格特質的重要指標，總部無主星的優點其實反而是多於缺點的，有主星則星性表現明顯，遇事當仁不讓，若再加上是強勢主星，更是鋒芒畢露，講氣魄、愛面子、要成就，打落牙齒和血吞，只要有狀況當下都得解決，無論做不做得到，硬著頭皮都要搞定。說好聽是有擔當、無懼困難，其實就是面子拉不下，不肯、不能、也不懂得求助他人。

但總部無主星的人遇到問題不會正面迎戰，懂得迂迴和緩衝，給自己多一點考慮時間，也多了幾條退路和備案。做人做事有彈性、有空間，身段軟，懂得借力，這就是事緩則圓的道理。

凡是總部無主星必須借對面區塊的，不論借到的是什麼主星，基本上都比較不會強烈地表現出個人色彩，心性也傾向安逸，較容易滿足於現況。對於這樣的命盤，一定得從他的星性與想法上仔細推敲，才能眞正了解當事人的內心世界，否則很難讓他敞開心扉。

論空的區塊時，我們只要掌握星性、格局，以及針對三方四正團隊來考量，就不會離題太遠。不過東方星理學是一門活的學問，所有的理論與技巧都必須靈活運用，千萬不能死背硬記，反而會困在其中，而體會不出星盤的奧妙了。

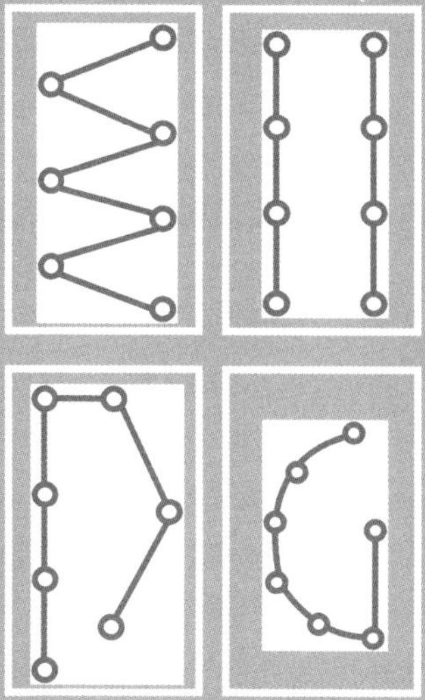

星盤中的精髓

「暗合區塊」的論法

星盤中的精髓——「暗合區塊」的論法

星盤看的是團隊，並非以單一區塊論吉凶

總部、行政區塊、財政區塊這三方組合起來稱為「三合」，三合加上對面的外緣區塊，即成為「四正」團隊。東方星理學強調的是一個團隊的運作，並非以單一區塊來做解釋。每一個區塊都一樣，無論區塊內是什麼星曜坐守，將軍星也好、貴妃星也罷，重點是帶領的主帥是什麼樣的組合？一個區塊內的星曜再怎麼好，若帶領的是一群老弱殘兵，不但無力幫忙，甚至還會有扯後腿的狀況發生。

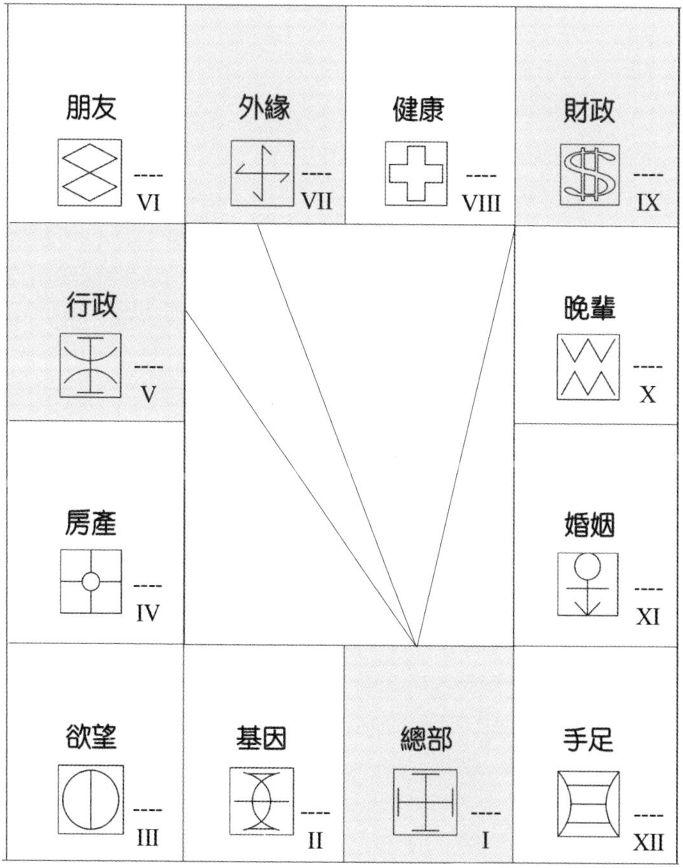

圖一：以一個區塊為定位點，其三方的區塊，加上對面區塊，稱為「三方四正」，是為一個團隊。

❖三方四正的好壞，對當事人的影響力非常大

假設星盤上的財政區塊很漂亮，但三方四正會到的是一堆煞星、阻礙星，這代表的就是壓力，有很多人等著花你的錢，不過這能確定自己一定很賺錢嗎？何況就算賺得再多，恐怕也趕不上大家幫你花錢的速度，更別說想多存點錢了，因此無形中的財務壓力非常大。

這樣的論法，對每一個區塊都適用。只要找到一個定點，拉出它的三方四正團隊組合，就可以把這個區塊的重點精髓看得很清楚，是好？是壞？整個吉凶禍福都在這三方四正裡，尤其是不可忽視對面區塊的影響力。

❖星曜組合的論點，不論哪個區塊都同論

單一區塊的星曜組合其實只是表象，是表面上的意識形態，我們不能忽略其三方四正的組合，尤其對面區塊會發揮很大的影響力。當

行運時，大運或流年的相關區塊都會跟著動，若以婚姻區塊而言，有些夫妻或男女朋友之間的感情線，會讓人覺得「這個婚姻區塊明明就很不錯呀！爲什麼會出問題？」其實只要以婚姻區塊爲定點，來看其三方四正的組合就會很清楚，檯面上我們都只是看到表象，有些人爲了維持形象、面子，伴侶之間或許已達成互不干涉的默契，只在公眾場合中示範恩愛而已，平日各走各路、各過各的，如同最熟悉的陌生人一樣。因此只要找出婚姻區塊的三方四正組合，感情是好是壞便可當下立斷。

❖留意五行生剋制化的重要

感情線的對待關係，在這個組合判斷中即可察覺虛實眞假，所以三方四正在解盤的技巧上，可說是一個重要依據。東方星理學是一門邏輯推理，同時也是精密的統計學，種種細節環環相扣，產生連結與化學變化。而爲何稱之爲化學變化？就在於星曜和星曜之間的五行融合、生剋制化，就如同化學調配的理論一般，所以我們必須要以很多面向來做研判。

「三合」是任一區塊的三方所架構而成的鐵三角，是解盤技巧中很重要的支柱，同時也是推論的基礎，必須熟記且熟練推演。而每張星盤都有其固定的六沖、六合，舉例來說，以任何一個區塊畫出對等線的區塊，稱爲「對面區塊」，而如此相對的關係就稱爲「對沖」，例如I與VII對沖、III與IX對沖等等，依此類推（參看圖二）。

❖沖，為外力因素影響

然而，什麼情況下是爲「沖」？什麼情況下是爲「照」？

對面區塊如同由外向內的壓力，總部代表自己的想法，如果總部被沖，代表當事人很無奈，像是總部若由馬前卒星單守，這代表不用他人鞭策，自己就會自動自發往前衝；但如果是對面區塊有煞星來沖，那就變成是別人逼著自己去做，就算不想做也得做，萬般無奈。

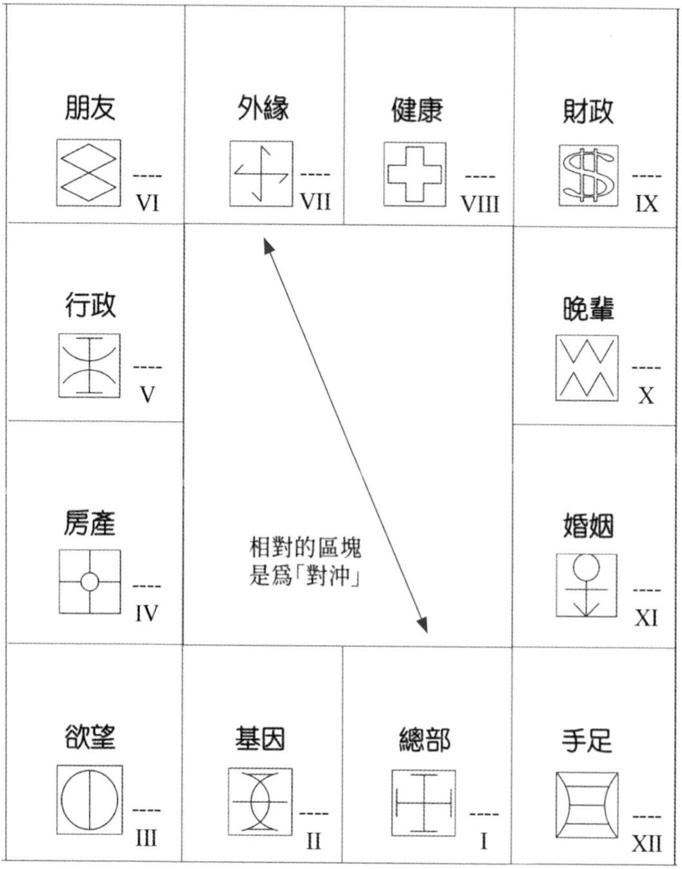

圖二：相對的區塊，是為「對沖」，以此類推，星盤中會有六組對沖關係，是為「六沖」。

這種就屬於外來環境因素的壓力，非自願性的、自己控制不了的，甚至會把本身的本質改變。

因此，若是總部的對面區塊有煞星，這就不是自己想要或不要的問題，而是自然有壓力來逼著自己不得不去面對。例如晚輩區塊有煞星來沖，其實不是自己的孩子不乖，而是可能被帶壞、被影響，孩子本身資質沒有問題，而是不良環境或不良的交友狀況，導致孩子行爲偏差。所以無論是哪一個區塊，只要對面區塊有煞星來沖，我們都可以直接地解釋爲：「沖者，爲外力因素影響。」雖然只是短短的一句解釋，卻可廣泛地涵蓋諸多狀況。

同理，若是總部有煞星，格局組合又不佳的話，那是自己想偏、走歪，甚至把別人也帶壞。反之，若是來自對面區塊的影響力，則是因爲交到壞朋友而學壞，這一來一往的關鍵，就在於主動和被動的差異。

不可能有十全十美的星盤，因爲每一張星盤都會有煞星、阻礙星，所以哪一張星盤區塊沒有沖？那一個區塊沒有外在壓力？哪有人或是在哪方面不無奈？差別只是沖了誰，壓力給了誰而已。

而我們前面幾冊所闡述的理論，都是以當事人的基本盤爲基礎，一一來做各個層面的探討，目的在於熟練星盤推演。然而到了現在這個階段，則要開始學習**「區塊與區塊間隱性的關聯性」**。因爲以往所學只是「表皮」，表皮是平面的，也是必須熟練的基礎，其中包括了星盤當事人的總部、分部分析，以及資源星、掌握星、顯耀星、阻礙星等等的影響，這些都是研判星盤的重點；然而接下來所要討論的**「暗合區塊」**，則是重點的精髓部分，探討的是區塊與區塊之間的相互影響。

❖暗合區塊代表著機會和趨力

暗合區塊，對星盤的當事人來說，象徵一種機會和趨力。也就是透過周遭人的壓力，讓自己的想法或決策，朝著這個方向傾斜。例如一個小學生被丟到放牛班去，可以出淤泥而不染，不被愛玩的同學們影響；而若是一個小學生被安排進資優班，也容易受到整個班級的學習氣氛感染，雖說不一定能就此出類拔萃，但卻比較容易在專心的讀書氛圍之下，讓成績比以往更進步，這就是團隊的力量。以星盤來說，這指的就是三方四正的團隊，如果星盤中三方四正有資優班的團隊，絕對會比面對煞星、阻礙星、滂神星、糾纏星等三方四正的團隊來得好。

再比方說，某大運逢軍師星＋監察史星的組合，當事人自然而然就會有機會去認識一些愛投機、博弈的朋友，耳濡目染之下，不會玩也會開始嘗試下注，久而久之自然熟練了。反之，若是沒有這樣的運，自然也遇不到這類的朋友，也沒有這樣的機會、環境來培養賭博技巧，甚至根本不會有想學的想法，因爲根本沒有誘因和興趣。這也如同吸毒一樣，難道當事人是某天一覺醒來就會吸毒的嗎？不太可能，肯定是具備某些人、事或當下情境的驅使之下，才會有這個機會去認識這一類人，也才有可能接觸到那一類的環境，否則一般人就算想試，也不知哪裡有這種管道，不是嗎？

這種面對不良誘惑的情形，時常出現在我們的人生旅途中，也許是某一個岔路或十字路口，就面臨到該左轉？右轉？還是繼續往前直走的抉擇。我們雖然走在這被賦予的人生道路上，但其實我們內心良知還是有辦法抗拒「轉彎的誘惑」，選擇更直接坦蕩的光明之路。

同樣的理論也可以應用在工作選擇上。以從事保險業來說，多半都是先認識了從事保險業的朋友，進而接觸到保險業的環境，接著了解保險的好處，最後才萌生興趣，投入保險事業之中。人是不會無緣無故地跳到一個完全陌生的行業別的，一定是有某種因緣，或是有理念相同的朋友，然後才會在面臨抉擇時做出決定。因此，在人生旅途中，我們會因爲環境或自覺，去學會很多事情，但無論學會什麼都需要一個際遇，一個機會，然後做出一個選擇，無論結果是好是壞，我們的重點就在於研究這個跡象。

星盤中的精髓——「暗合區塊」的論法

一位稱職的解盤者，必定得先熟練基礎學問，也就是我們前三冊所討論的：星曜特性、區塊特質、雙星和煞星、吉星等搭配，星盤整體的格局結構概念，以及本冊提到的四種「變異星」的牽引，再細一點才從六合、六沖的理論來研究，便可找出星盤變化時的原因和理由。

而這其中的精髓，就在「暗合區塊」。

暗合區塊，顧名思義指的是表面之下的運作，因此一般人從表面上是看不出來的。若以基本格局來說，「暗合區塊」強調的是一種「緣分的表現」，在星盤的十二個區塊裡，相互產生引力的現象。

總部位於Ⅰ、Ⅶ位

1.總部暗合基因區塊（參看圖1－1）

若基因區塊內有吉星或其星曜穩定，則這一生永遠與父母關係密切，親情緣分深長。

若見煞星、阻礙星、密探星、前鋒星，則顯見其親緣較薄，嚴重者恐需面臨生離死別。

2.手足區塊暗合欲望區塊（參看圖1－2）

欲望區塊是象徵祖上的區塊，見吉星且有掌握星、資源星者，其兄弟可得祖上之產業或庇蔭；若逢煞星、阻礙星或滂神星、糾纏星，就算有祖產恐也分不到。再者，欲望區塊也代表當事人的精神享受與來財之源，因此若手足區塊有吉星坐守，表示手足之間和樂相處，且有通財之義；反之，若組合不佳，則易爲手足之事而操煩，且有耗財的可能。

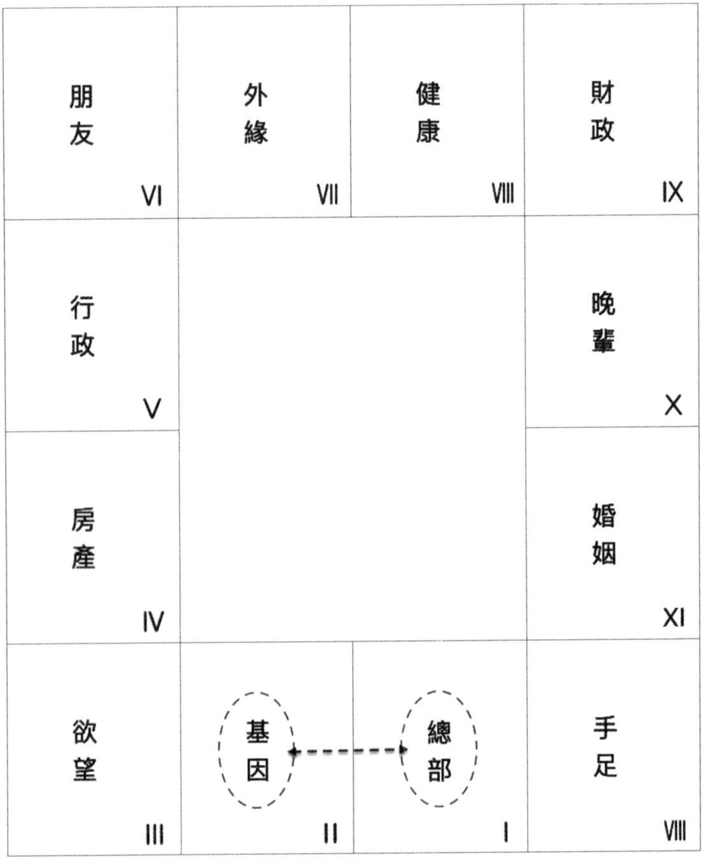

圖 1-1　總部暗合基因區塊。

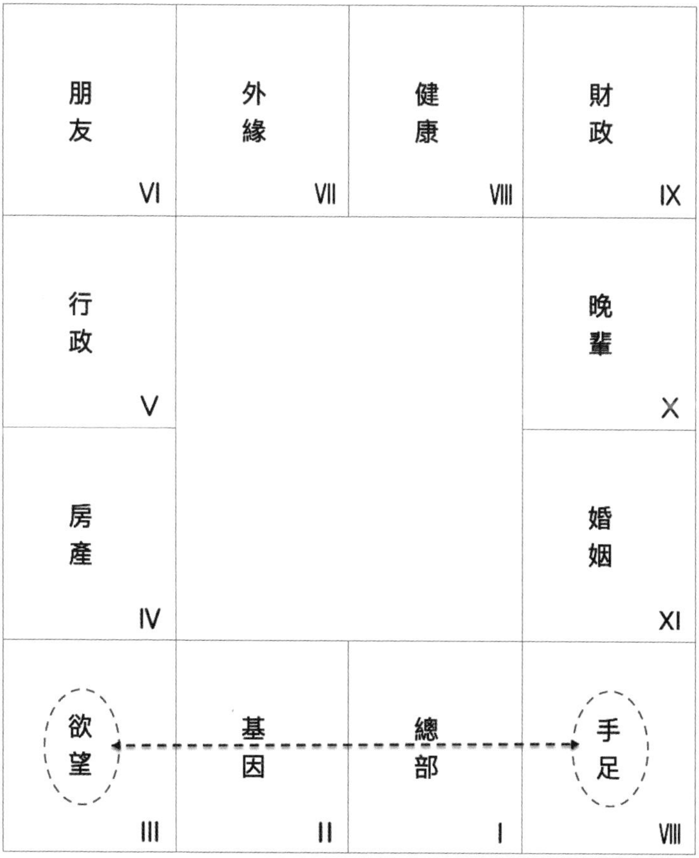

圖 1-2　手足區塊暗合欲望區塊。

3.婚姻區塊暗合房產區塊（參看圖1－3）

房產區塊內若有吉星坐守，或者其星性溫和，代表另一半蠻顧家的，有事沒事就會往（你／妳）家裡跑，彼此之間互動良好，因此會有所謂「女婿如半子」的現象，或是女兒婚後仍常住在娘家的情況。反之，若組合不好，代表另一半多和娘家或夫家在相處上有代溝，互動不良，因此彼此間較少往來，甚至有「親不如友」的現象。

研判時可以分開來看，若是婚姻區塊有煞星、阻礙星等不良組合，是當事人與配偶之間有相處不良的狀況；但若是房產區塊組合不良，則是其本家雙親與另一半在觀念上無法溝通所致。

4.晚輩區塊暗合行政區塊（參看圖1－4）

當事人心中期望子女將來能承接自己的才藝或事業，若是自己無事業可承接，則是期望子女能承接配偶的事業。只要晚輩區塊的組合沒有煞星、阻礙星，那麼子女中定有人會跳出來承接；但若逢煞星、

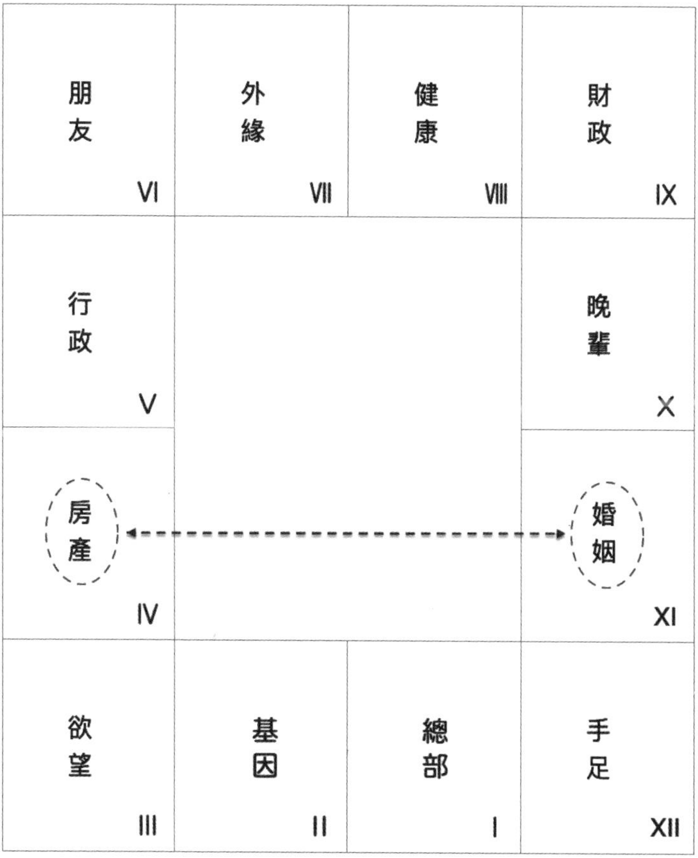

圖 1-3　婚姻區塊暗合房產區塊。

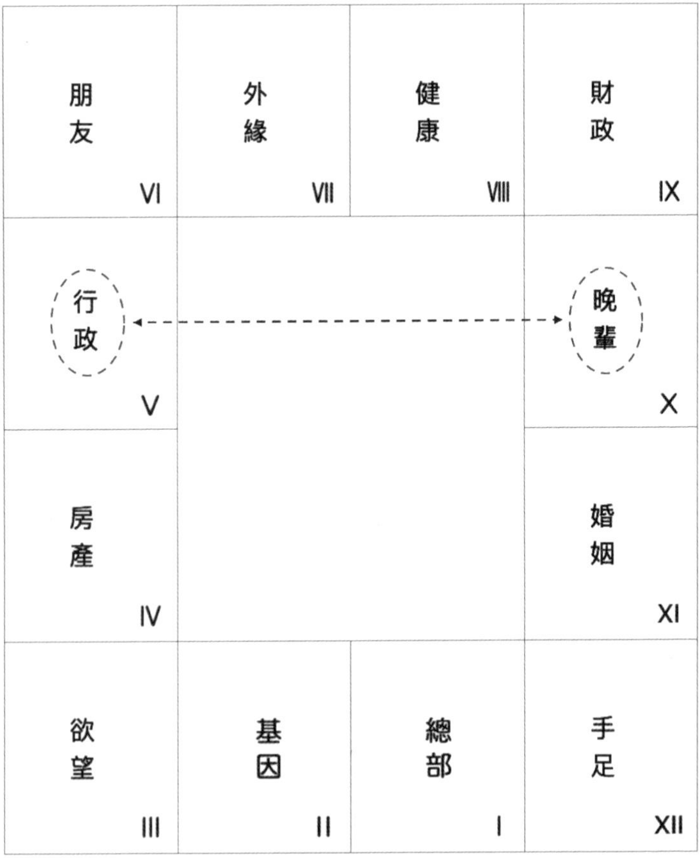

圖 1-4　晚輩區塊暗合行政區塊。

阻礙星或澇神星、糾纏星，子女多半會另謀他途，各自發展。

5.財政區塊暗合朋友區塊（參看圖1－5）

此處的觀察重點，在於朋友區塊的星曜組合好壞。若是朋友區塊的組合不好，對當事人的財務而言，會有隱藏性的殺傷力，例如朋友常常借錢不還，或是與朋友合夥虧本等等，正是所謂的「友人劫財」。

倘若朋友區塊有吉星來合，則表示朋友對自己的財務收入會有實質的幫助，或是員工下屬得力、辦事牢靠，甚至會努力地爲自己賺錢，只是相對地，員工下屬也會相當在意薪水的高低。

6.健康區塊暗合外緣區塊（參看圖1－6）

若是外緣區塊與健康區塊的星曜組合都屬平穩，代表當事人外出旅遊時對環境的適應力較強，身體抵抗力亦佳，較少有水土不服的現

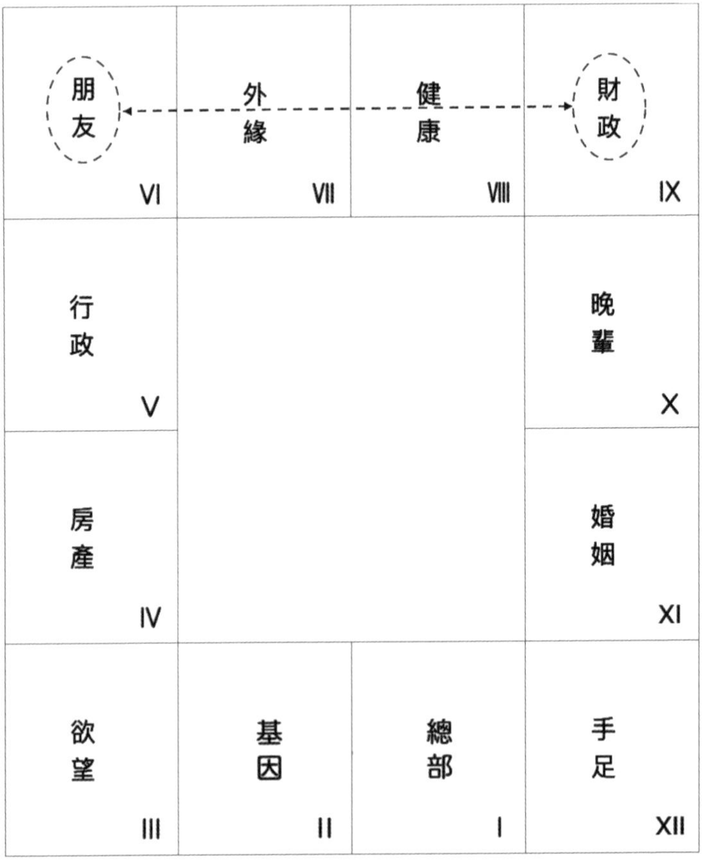

圖 1-5　財政區塊暗合朋友區塊。

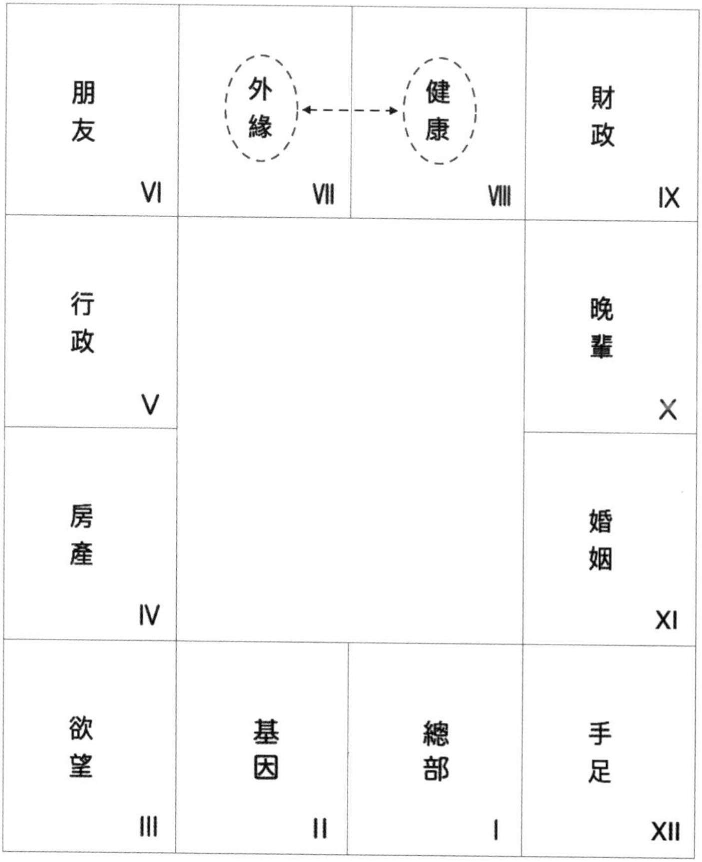

圖 1-6　健康區塊暗合外緣區塊。

象。若有煞星、阻礙星組合的話，則出門容易有交通意外，因此這類型的人較不適合移居外地。

總部位於II、VIII位

1. 總部暗合手足區塊（參看圖2－1）

當事人與手足之間必然有密切關聯，如果總部主星比手足區塊弱勢，代表兄弟的能力比自己強，必要時他們會提供自己協助；而如果當事人總部星曜比手足區塊還要強勢，且又形成暗合效應，那麼照顧手足的責任多半就由自己來承擔了。倘若手足區塊再有煞星、阻礙星來干擾，那麼自己得有心理準備，除了經常需要財力支持對方，還得有雅量，才能承擔手足方面所帶來的困擾或麻煩。

2. 婚姻區塊暗合基因區塊（參看圖2－2）

當事人選擇另一半時，會尊重父母的意見之外，也隱含著另一半

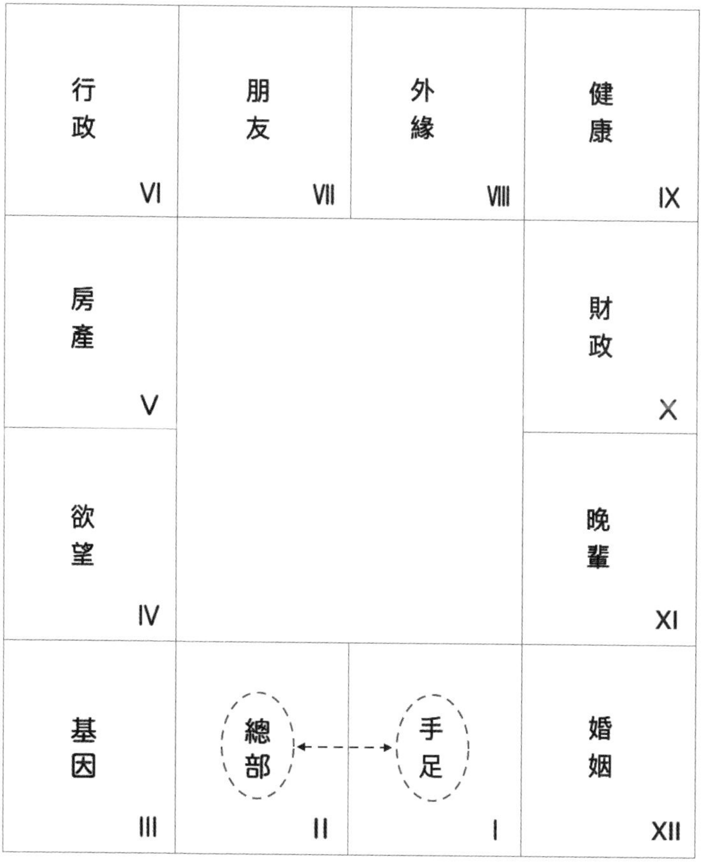

圖 2-1　總部暗合手足區塊。

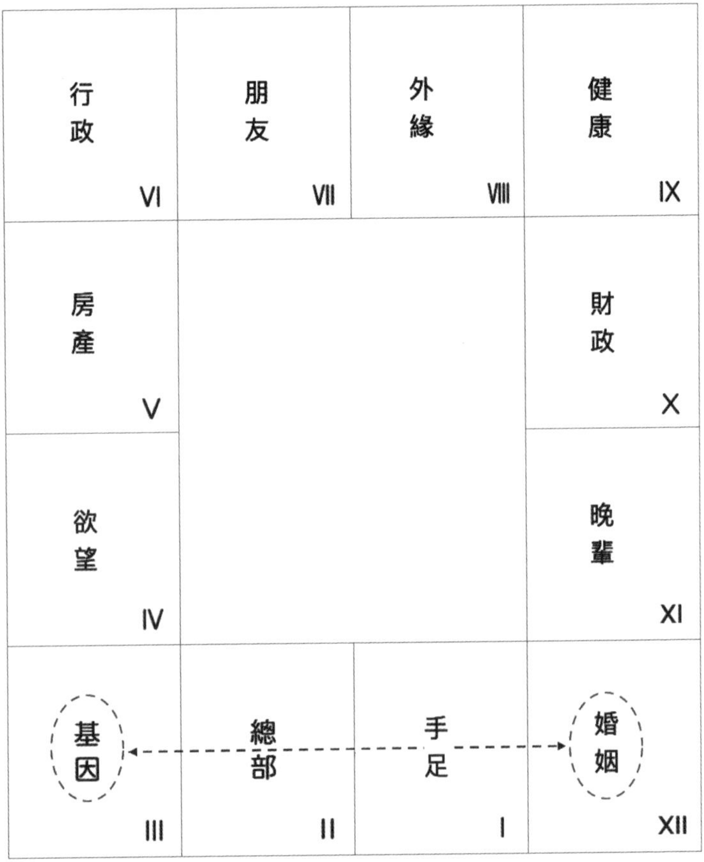

圖 2-2　婚姻區塊暗合基因區塊。

與父母之間的互動好壞。若是星曜組合不佳，大家卻又同住一個屋簷下，表示容易各持己見，甚至有摩擦爭執的情況。此時最好分開居住，避免當事人在其中左右爲難，變成夾心餅乾。

相反地，若是星曜組合良好，便可能女婿如半子，或是婆媳之間情同母女，彼此感情深厚，親如一家。

3. 晚輩區塊暗合欲望區塊（參看圖2-3）

對當事人而言，孩子是影響本身情緒的最大關鍵因素，無子女者，會很想擁有自己的孩子；有孩子的，在小孩的成長過程中，無論是求學、就業或是結婚生子，都會有無限的罣礙，永遠擔心不完，永遠有操心不完的理由。

若是晚輩區塊與欲望區塊這兩個區塊裡星性穩定，那麼多半只是操煩程度稍微減輕一些罷了；如果兩個區塊都屬組合不佳，或逢煞星、阻礙星干擾，則可能顯示爲子女不受管束，兩代之間觀念與代溝

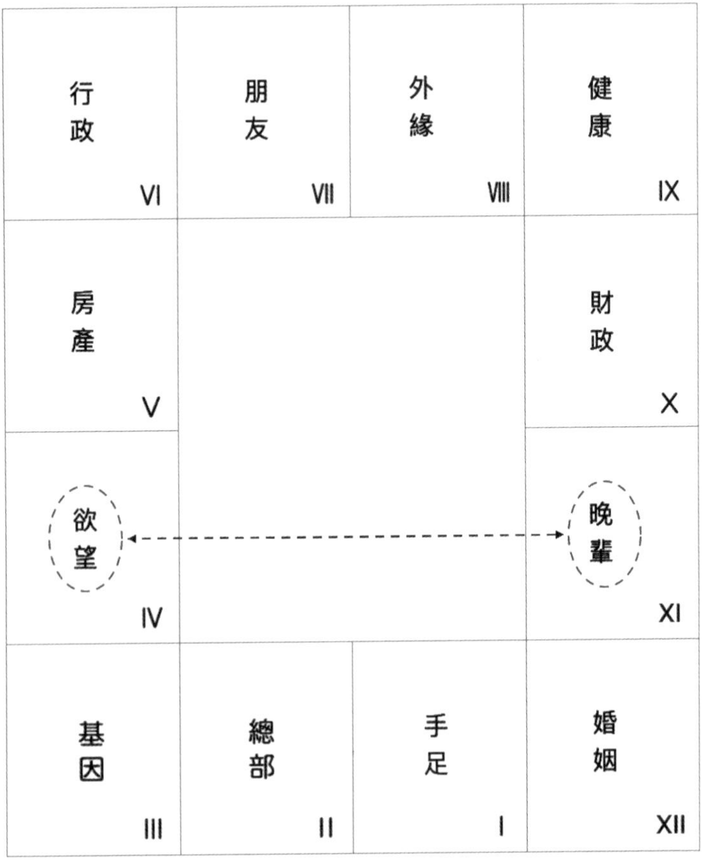

圖 2-3　晚輩區塊暗合欲望區塊。

日深，年老時孩子也難相伴左右，孤獨難免。

4. 財政區塊暗合房產區塊（參看圖2－4）

若兩個區塊中的星性組合良好，代表所賺來的錢多數會拿回家貼補家用，或表示其理財方式最喜歡以置產的方式進行。以目前社會情況來說，這種組合非常適合SOHO或個人工作室，也就是在家就能賺錢的工作模式。

萬一組合不好，尤其是財政區塊不佳，而房產區塊相對之下較旺，表示當事人自己賺錢不夠用，缺錢時還會回家伸手請求金援；若嚴重一點的話，甚至可能成爲啃老族。

5. 健康區塊暗合行政區塊（參看圖2－5）

這類的暗合關係，通常是職業病的高危險群，須特別留意工作的性質，或工作環境因素而影響到自己的身體健康，也可能因爲自己的

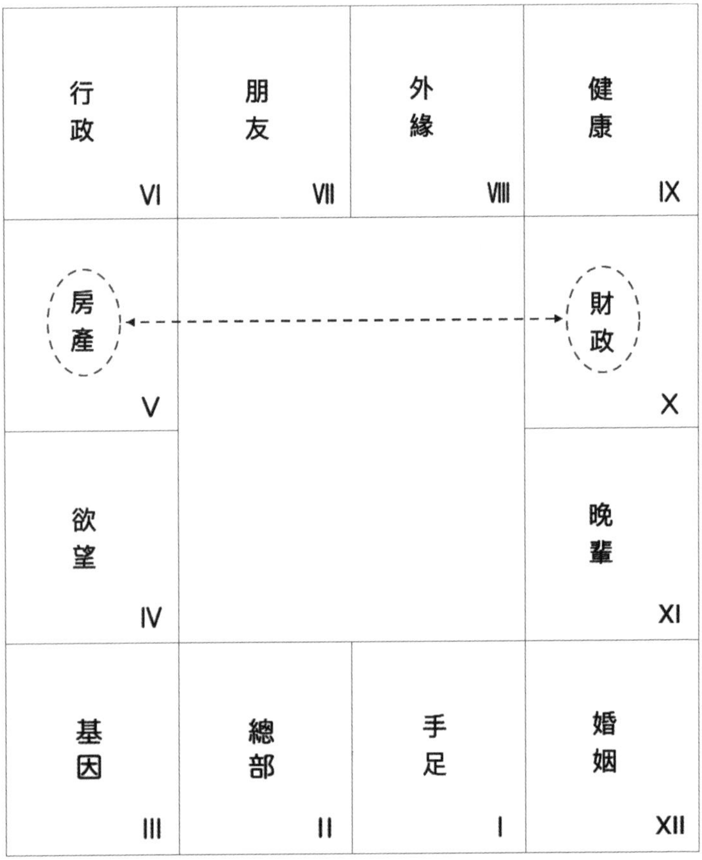

圖 2-4　財政區塊暗合房產區塊。

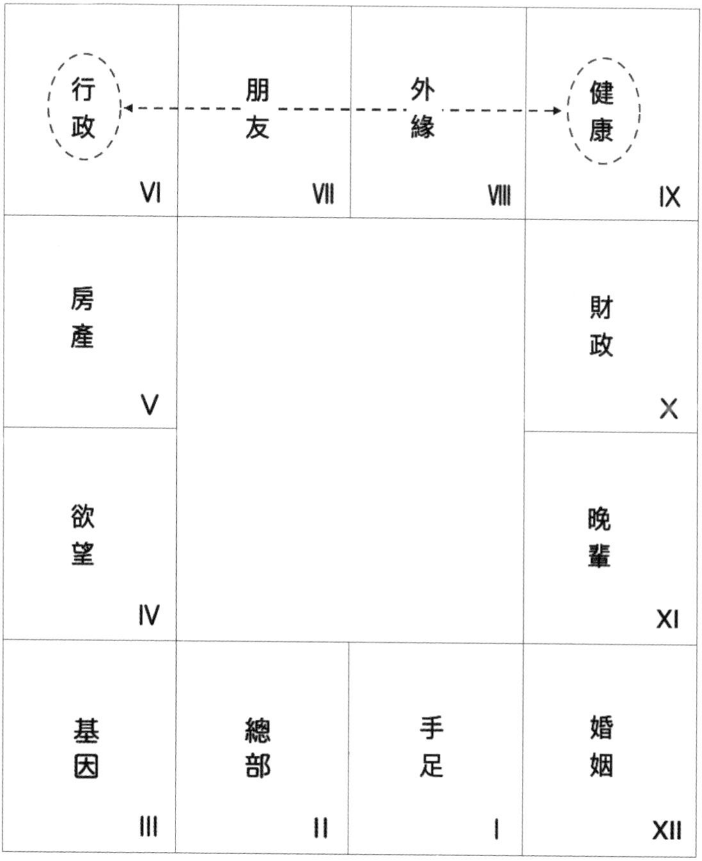

圖 2-5　健康區塊暗合行政區塊。

身體狀況不佳，或從事危險性的工作，也可能是需要爆肝的行業，而必須轉換工作類型。

如果兩個區塊中的星性搭配良好穩定，則顯示身體抵抗力不錯，尚能承受職災的影響；反之若是兩個區塊皆是煞星、阻礙星聚集，則須特別留意因公受傷，或是容易引發職業病。

6. 外緣區塊暗合朋友區塊（參看圖2－6）

所謂「在家靠父母，出外靠朋友」，這正是此種暗合關係的最佳寫照。不過前提是區塊內不能有煞星、阻礙星來干擾，否則這樣「靠朋友」恐怕會靠出問題來，例如近墨者黑，被朋友影響帶壞，或是被朋友拖累、替朋友背黑鍋等等。

如果區塊內組合不錯，或有吉星來搭配，那就太棒了！不論走到哪裡都會有講義氣的朋友相助，若是自己也不忘廣結善緣，出外必能都能處處逢貴人。

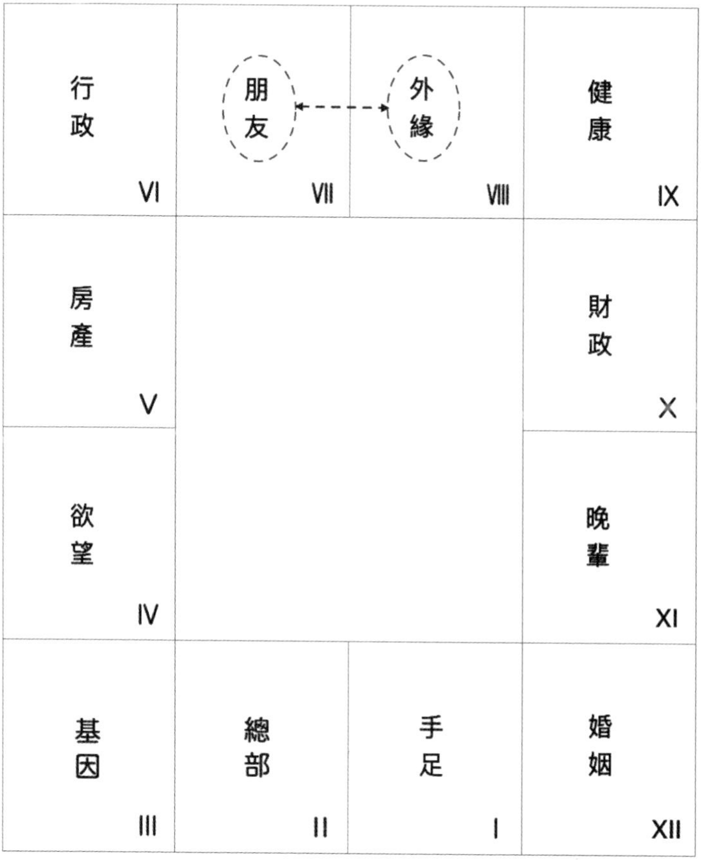

圖 2-6　外緣區塊暗合朋友區塊。

總部位於Ⅲ、Ⅸ位

1. 總部暗合晚輩區塊（參看圖3－1）

這代表當事人對子女永遠有卸不掉的責任和負擔，當事人與孩子間有深厚的緣分，彼此間如同朋友一般好商量，相處上百無禁忌，沒有隔閡、溝通無礙。不過這種組合最怕逢資源星，且又加上澇神星和糾纏星照會，容易生出帶有殘疾的孩子。若是逢煞星、阻礙星、密探星的組合，則子女讓人操煩，或是常常闖禍，必須一天到晚幫忙孩子收拾善後。

2. 手足區塊暗合婚姻區塊（參看圖3－2）

這類組合顯示另一半與自家手足之間的感情互動狀況，若是手足區塊與婚姻區塊的組合皆不佳，代表彼此間互動不良，可能是個性不

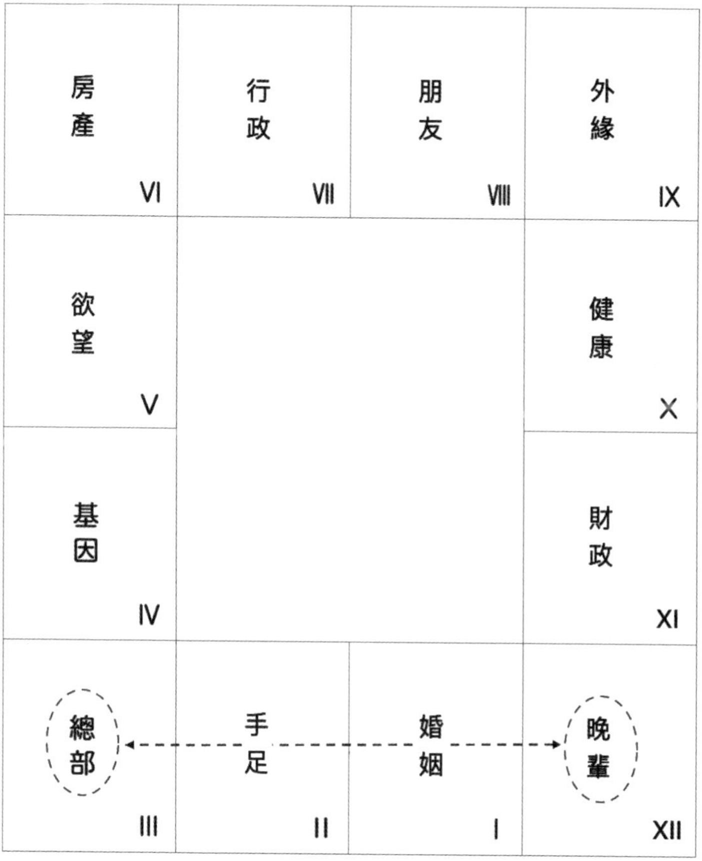

圖 3-1　總部暗合晚輩區塊。

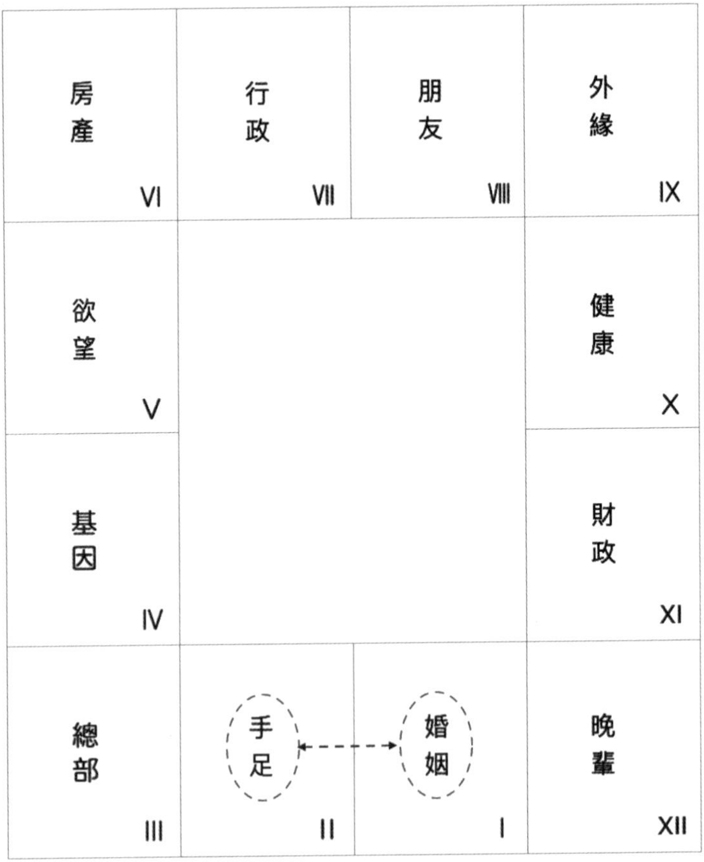

圖 3-2　手足區塊暗合婚姻區塊。

合或是理念作風不同，導致彼此間甚少往來，家族裡缺乏親情和樂氣氛。相反地，若有吉星來搭配，則彼此在個性或理念上比較接近，兄弟姊妹和另一半互動良好，感情融洽。

3. 基因區塊暗合財政區塊（參看圖3－3）

這類型的暗合關係，必須先檢視兩個區塊內的星性比重，若財政區塊較旺，代表自己賺錢會拿回家奉養父母或家人；反過來，若是基因區塊較強，則父母多金，私底下會給你金錢支助，人生路上如同有一座穩固的金山可靠。

4. 欲望區塊暗合健康區塊（參看圖3－4）

這代表當事人容易因身體健康狀況，而影響自己的情緒起伏，尤其是年紀越大，情況越明顯。當然這其中也須考慮兩個區塊的比重，例如健康區塊內的星曜組合比欲望區塊來得差，代表當事人可能是藥

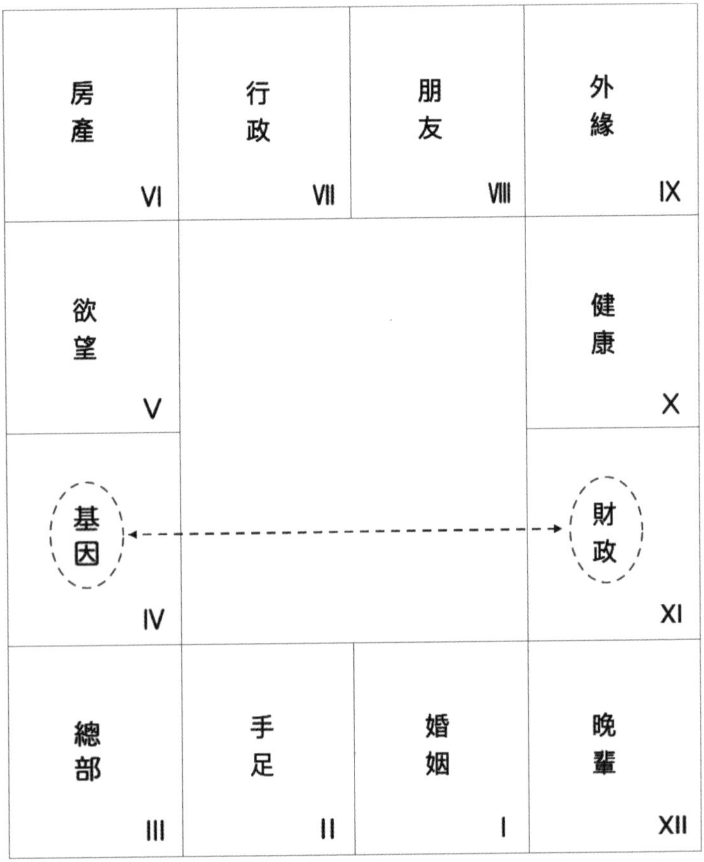

圖 3-3　基因區塊暗合財政區塊。

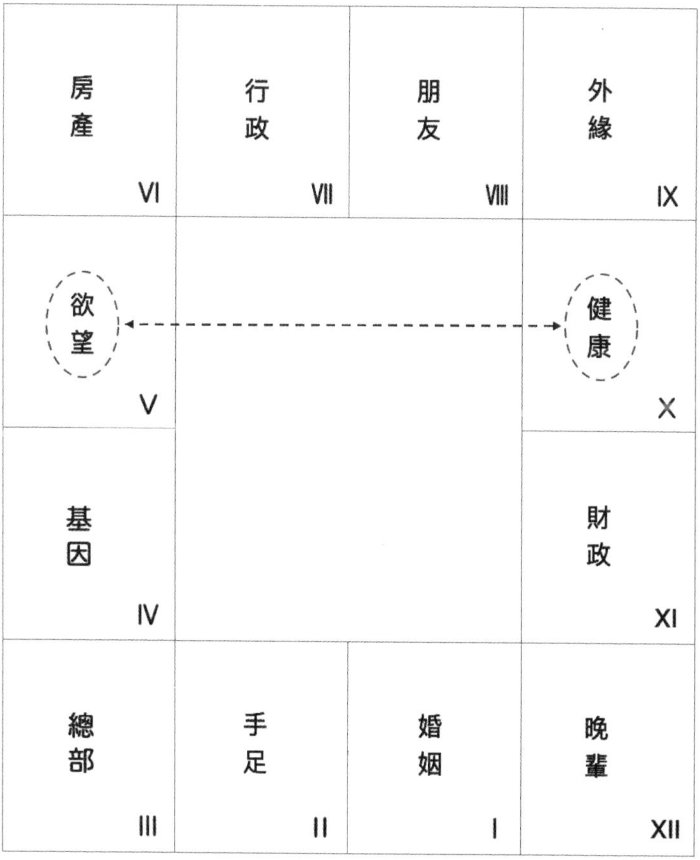

圖 3-4　欲望區塊暗合健康區塊。

罐子，經常得看病吃藥；若是欲望區塊比健康區塊差，代表當事人可能要留意精神方面的疾病纏身，或是年紀越大越容易成為孤獨老人。

5. 房產區塊暗合外緣區塊（參看圖3－5）

這樣的暗合關係，代表當事人就算出門在外，也老是記掛家中的大小事情。若是房產區塊有資源星，表示有在遠方置產的心態；若是房產區塊逢煞星、阻礙星聚集，則代表當事人難在一地久居，所以這輩子可能常常得搬來搬去，或是在家總是待不住。

而如果外緣區塊有煞星、阻礙星，平常沒事則一定待在家，就算出門也只是在熟悉的區域晃晃而已，走不了多遠，相當顧家。

6. 朋友區塊暗合行政區塊（參看圖3－6）

這樣的暗合組合，顯示當事人在職場上人際關係的好壞，以及工作上與同事間的互動情況。星性組合良好的話，除了在工作上容易受

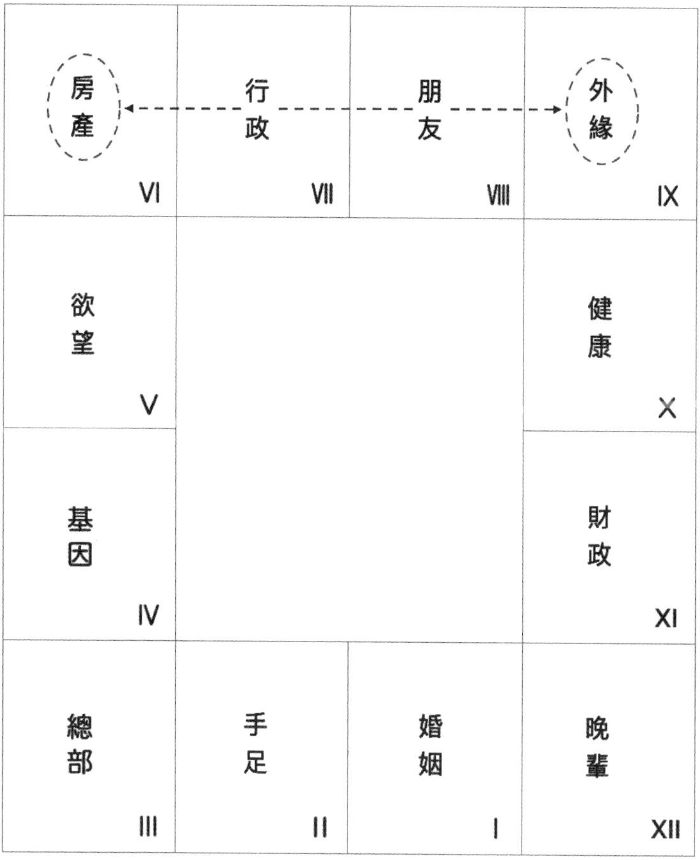

圖 3-5　房產區塊暗合外緣區塊。

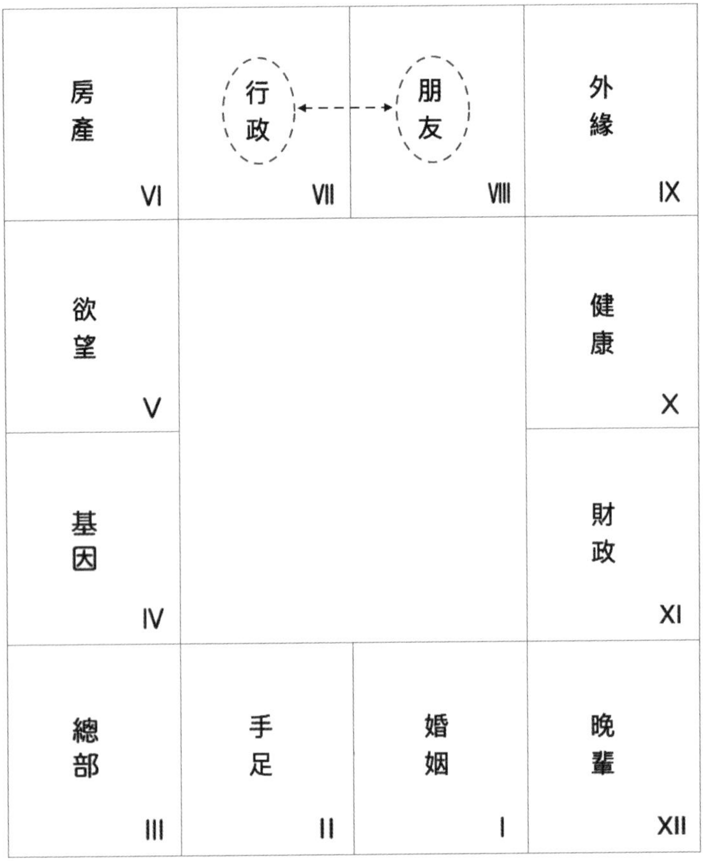

圖 3-6　朋友區塊暗合行政區塊。

到同事的協助，也代表適合與朋友共同合作創業，即便是自己獨立創業，也可以如魚得水、事半功倍。

若是組合不佳且帶有煞星、阻礙星或澇神星、糾纏星，則必須避免與同事或朋友有任何利益上的往來，以免是非糾葛不斷，嚴重一點的話，甚至破財都無法消災，不可不慎。

總部位於Ⅳ、Ⅹ位

1. 總部暗合健康區塊（參看圖4－1）

星盤上有這種組合的人，必須特別留意來自長輩的遺傳性疾病，可能形成先天上的某種缺陷，比如有些人某些器官較弱，或是天生缺乏某種功能等等。

若是總部主星較強，代表其身體抵抗力較強，來自先天遺傳干擾健康的力道就會相對減輕；但若是健康區塊內有煞星、阻礙星，或是星性組合複雜，加上其健康區塊位於天羅地網（Ⅴ、Ⅺ屬於天羅、地

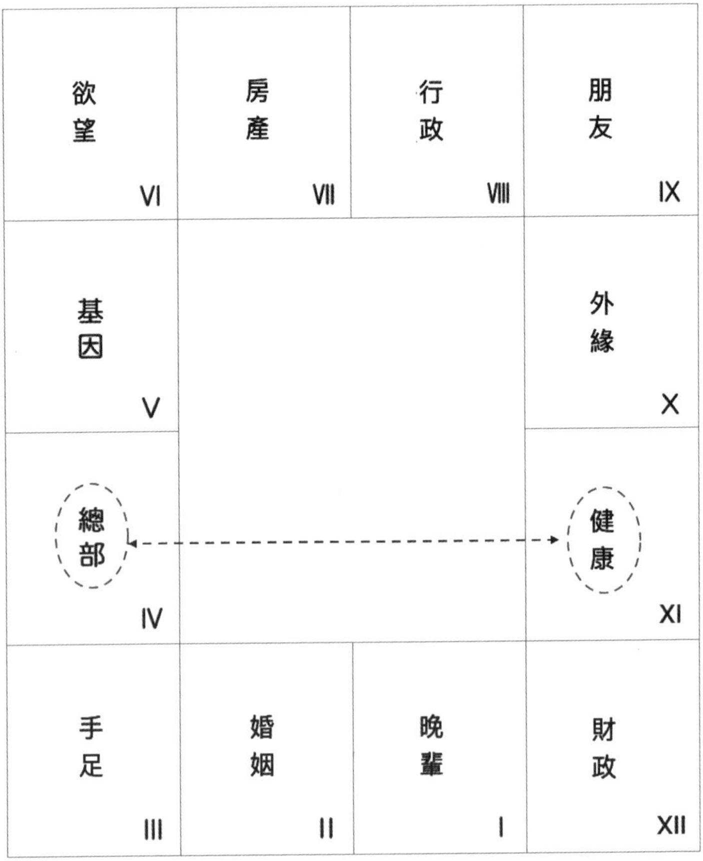

圖 4-1　總部暗合健康區塊。

網之位，星曜落於這兩處易受到壓制）之地，因此容易造成疾病隱藏不顯，那麼當事人可能存在難治的痼疾，一生難免受到身體的病痛牽制而困擾不已。

2. 手足區塊暗合財政區塊（參看圖4－2）

這種類型的暗合，與手足區塊暗合行政區塊類似，多半表示當事人與手足可以合作，不管是同一公司單位工作，或是一起經營家族企業等等，都能各司其職、相輔相成。

當然，在財務的運作上，彼此亦有密切關聯，因此不難發現，一些家族企業或是兄弟姊妹共同合夥的事業，有些可以做得很好，彼此相互搭配而經營得有聲有色，有些卻互不相讓甚至鬧得對簿公堂，這其中關鍵多半就出在金錢問題上。

以星曜組合來說，如果手足區塊的星曜較強，則代表手足對當事人的財務有所幫助；但如果是財政區塊星曜較強，那便是當事人資助

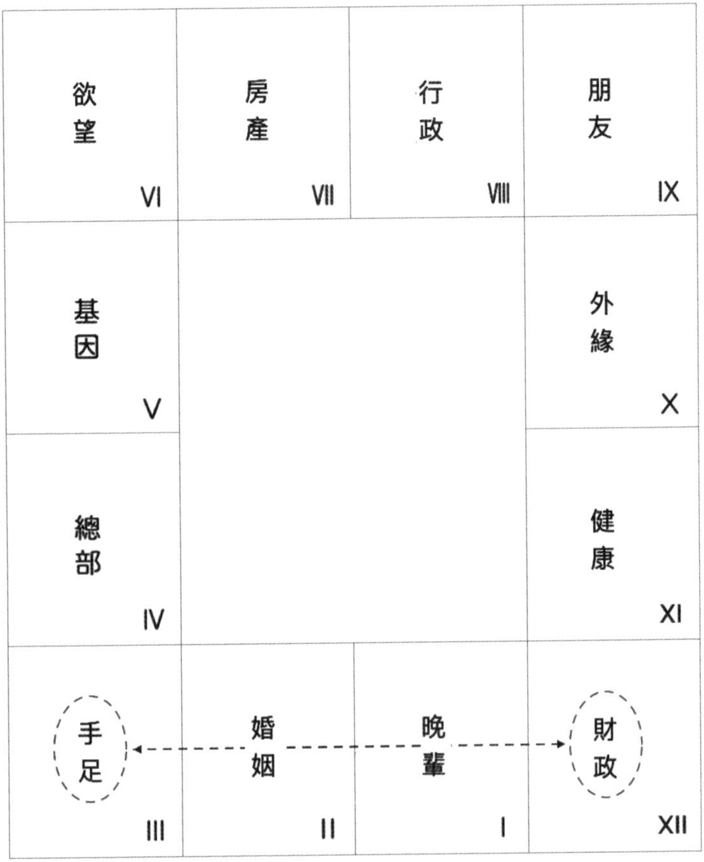

圖 4-2　手足區塊暗合財政區塊。

兄弟姊妹，責任多在自己身上了。

3. 婚姻區塊暗合晚輩區塊（參看圖4－3）

這種暗合顯示出另一半與子女之間的互動關係與緣分，若是星性穩定，則子女對另一半的依賴較多，與另一半較貼心，相處的時間也比較長，多能以溫和互動方式來教育、對待子女。

若是有不良的煞星、阻礙星來干擾，代表子女容易有偏差的行為，另一半更是為孩子操心煩惱不已，養育過程較有挫折感，甚至會因為愛之深責之切，反而出現打罵責罰的狀況。

4. 基因區塊暗合外緣區塊（參看圖4－4）

代表當事人在外的人際關係，易受到父母的影響，不過其中關鍵在於基因區塊星性的好壞而定。若是基因區塊內有吉星，當事人此生必會得到父母的庇蔭與助力，也表示當事人的依賴心較強；若是基因

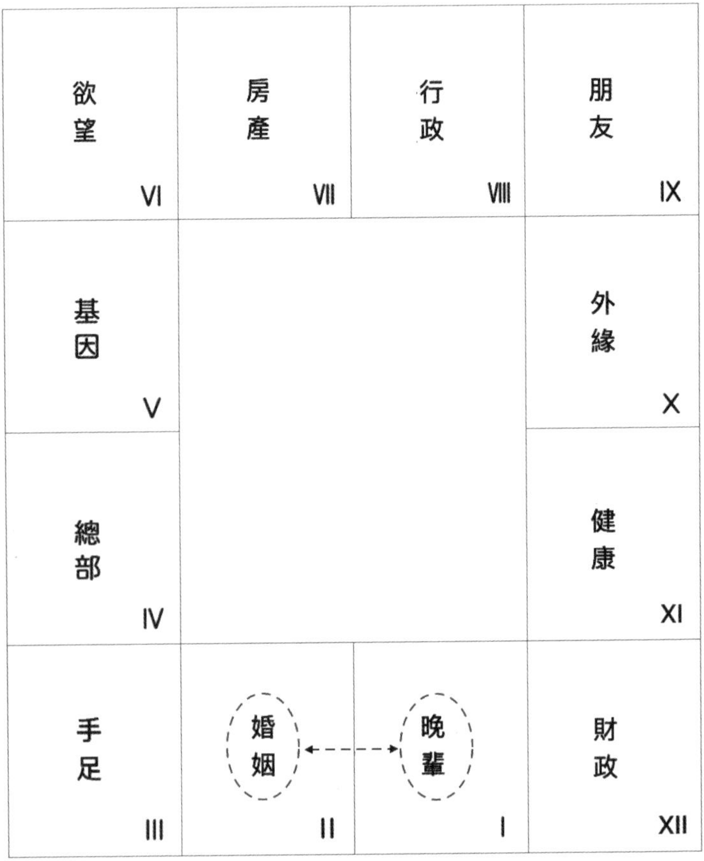

圖 4-3　婚姻區塊暗合晚輩區塊。

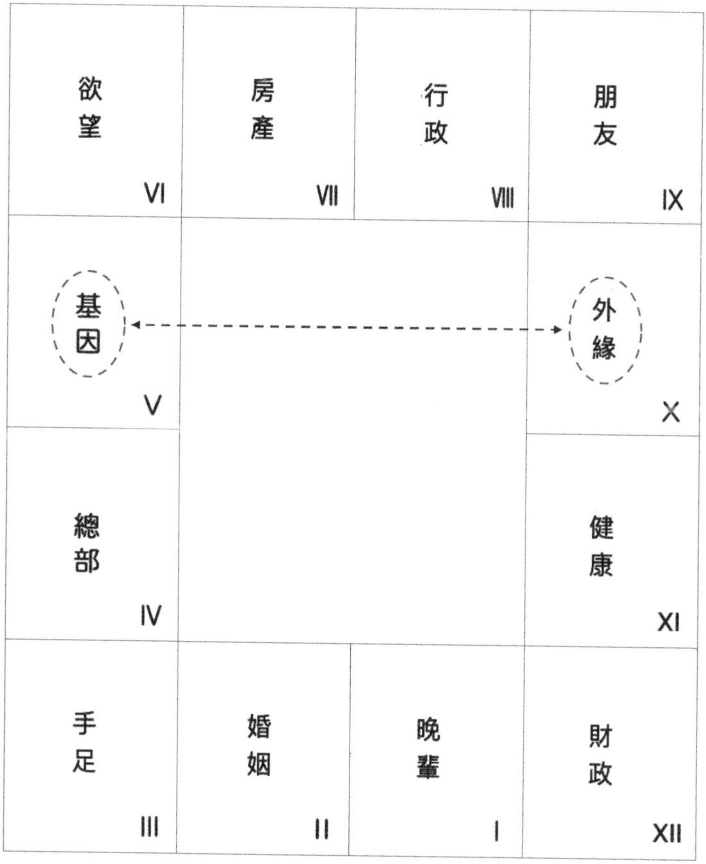

圖 4-4　基因區塊暗合外緣區塊。

區塊內的星性不吉，則長輩必會干涉當事人的交友情況，或對當事人的朋友多有意見，不過這也間接地顯示出，當事人的人際往來反而較有自我意識，較能自主獨立。

5. 欲望區塊暗合朋友區塊（參看圖4－5）

這代表當事人的情緒波動，常會受到朋友的行爲舉止影響。一個人的心情起伏常隨著外界而變化，這當然不是好事，因此朋友區塊內的星曜顯得相對重要。若是組合尚佳，朋友帶來的影響力可說是正面的助力；若是組合不良，則帶來的反而是阻力，甚至是負面的影響。

倘若欲望區塊內的星曜組合穩定，則朋友的影響力有限，不至於受人擺佈；但若是欲望區塊內的星曜屬於弱勢，那麼恐怕不是容易被朋友帶壞，就是容易替朋友背黑鍋，或是受朋友所累。

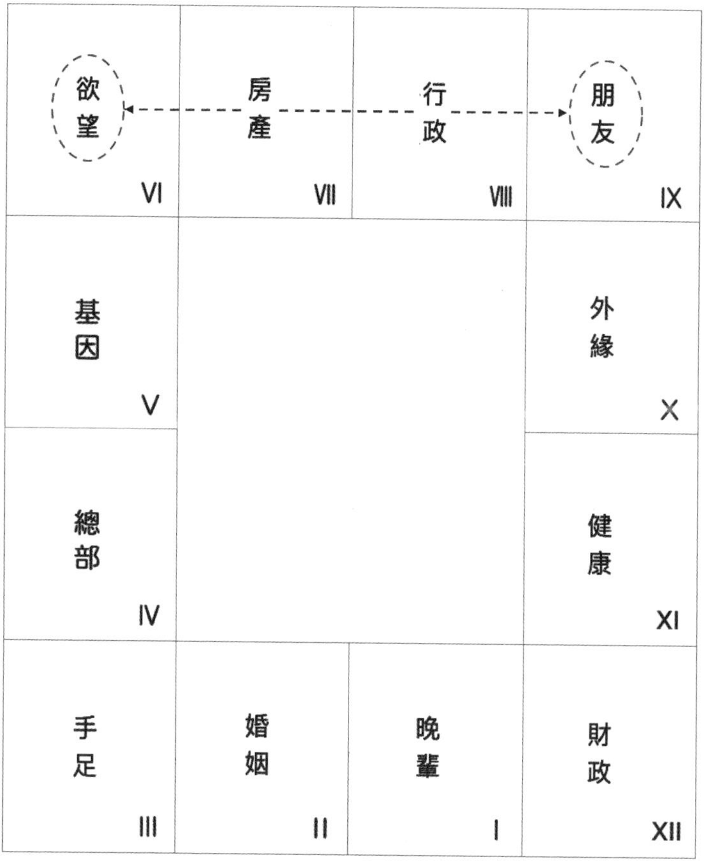

圖 4-5　欲望區塊暗合朋友區塊。

6. 房產區塊暗合行政區塊（參看圖4－6）

此種暗合組合，代表住家和工作地點通常不會離得太遠，也代表當事人希望找個離家近一點的公司上班，或者甚至乾脆把工作和住家合在一起最好。例如過去常見有些家庭的一樓可能是診所、辦公室、店面，而樓上就是老闆的住家，這種情況便屬於此類的暗合組合。

先天有這樣的星盤組合，當事人也才能有機會、或者說是想要把住家和工作結合在一起。但其中仍須考量兩個區塊內星曜組合問題，組合好的話，自然很容易就能把工作和住家合併在一地；但若是有煞星、阻礙星來干擾，那麼多半只是想想而已，卻未必能如願。加上如果行政區塊的組合不佳，則多半是工作內容型態不適合或是不允許；反之，若是房產區塊內組合不佳，則是家人反對此事。因此，雖爲暗合，但星曜組合的強弱好壞，還需仔細研判才行。

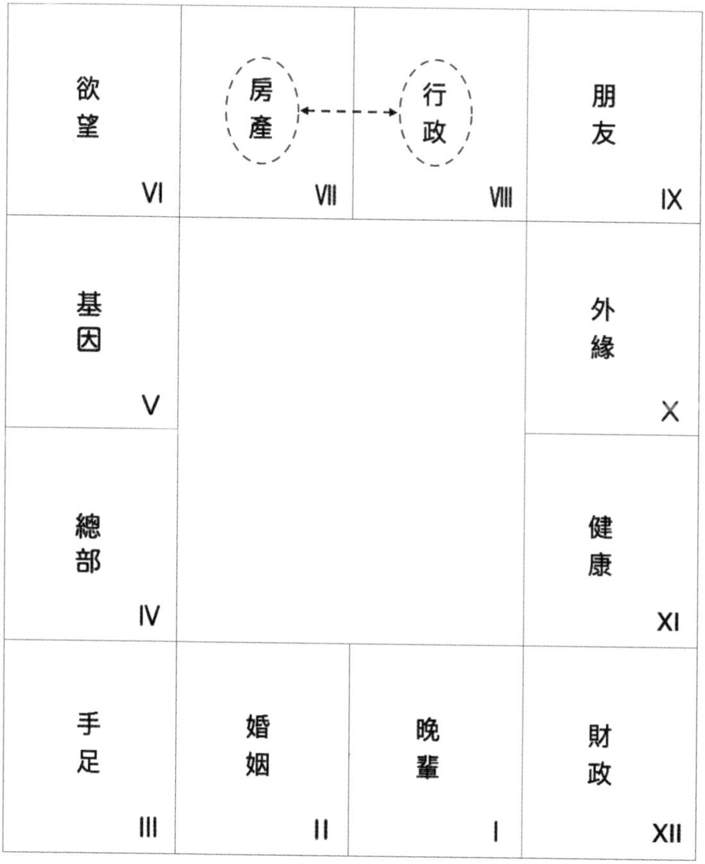

圖 4-6　房產區塊暗合行政區塊。

總部位於Ⅴ、Ⅺ位

1. 總部暗合朋友區塊（參看圖5－1）

此種暗合顯示當事人和朋友之間的互動狀況，尤其是現代的社會環境，朋友的重要性已遠超過手足之情，所以朋友區塊的星性組合尤為重要。

如果朋友區塊內組合尚佳，代表一生中常常受到朋友幫助，員工下屬也多忠心耿耿；相反地，若是朋友區塊內逢密探星或煞星、阻礙星聚集，那麼十有八九是損友圍繞，或是易遭朋友陷害牽連，若是身為老闆，更可能遭遇下屬背叛而導致損失，不可不慎。

2. 手足區塊暗合外緣區塊（參看圖5－2）

代表兄弟姊妹之間感情淡薄，彼此分散各地，平時各自為政、各自努力，恐怕逢年過節或家中有重大事件才能齊聚一堂。若是手足區

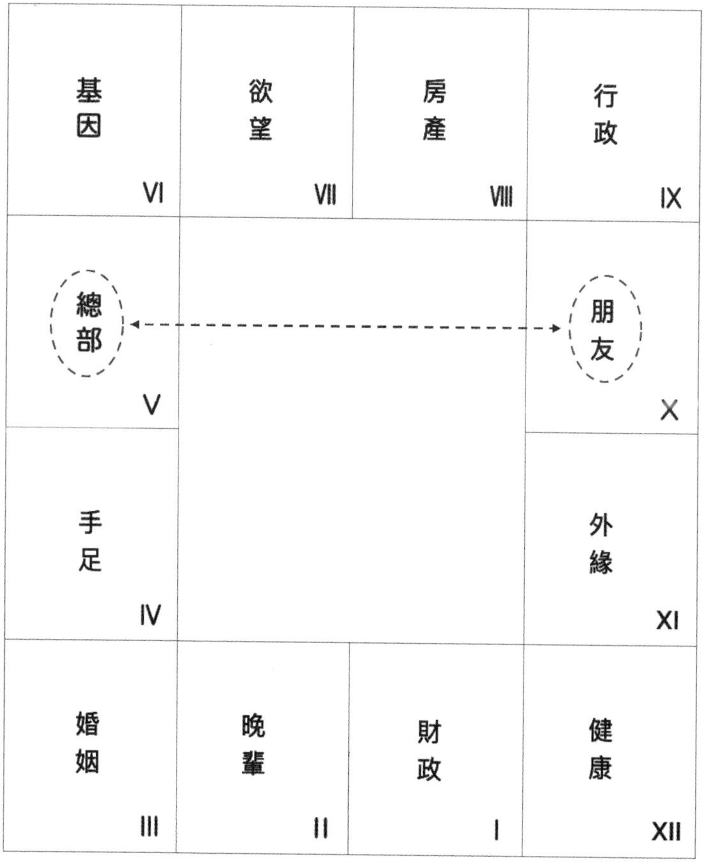

圖 5-1　總部暗合朋友區塊

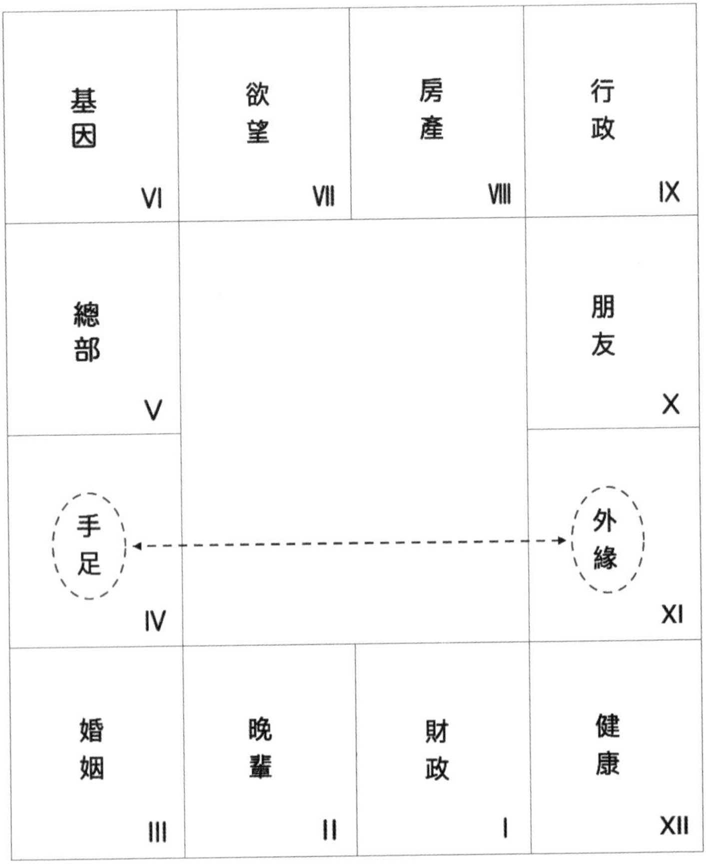

圖 5-2　手足區塊暗合外緣區塊。

塊的星性溫和，手足間尚稱有情有義，彼此可互相幫助，只是其中必有一位離大家比較遠而已；若是再有煞星、阻礙星干擾，則不只是距離遠，可能也不常聯繫，甚至還可能有誤會難解，互不往來。

3. 婚姻區塊暗合健康區塊（參看圖5－3）

這組暗合表示自身健康與另一半的關聯性，倘若婚姻區塊組合較差，而健康區塊組合平穩，那麼即使夫妻常常因爲意見不合而吵架，但無大礙，床頭吵床尾和，夫妻生活尚稱和諧。

但如果是婚姻區塊平和，但健康區塊逢煞星、阻礙星的話，則表示夫妻之間表面看似恩愛，其實只是維持面子所做的假象，私底下可能早已分房而居，甚至心結已深，若是行運再逢婚姻區塊不佳時，則會因長期的貌合神離而分手。

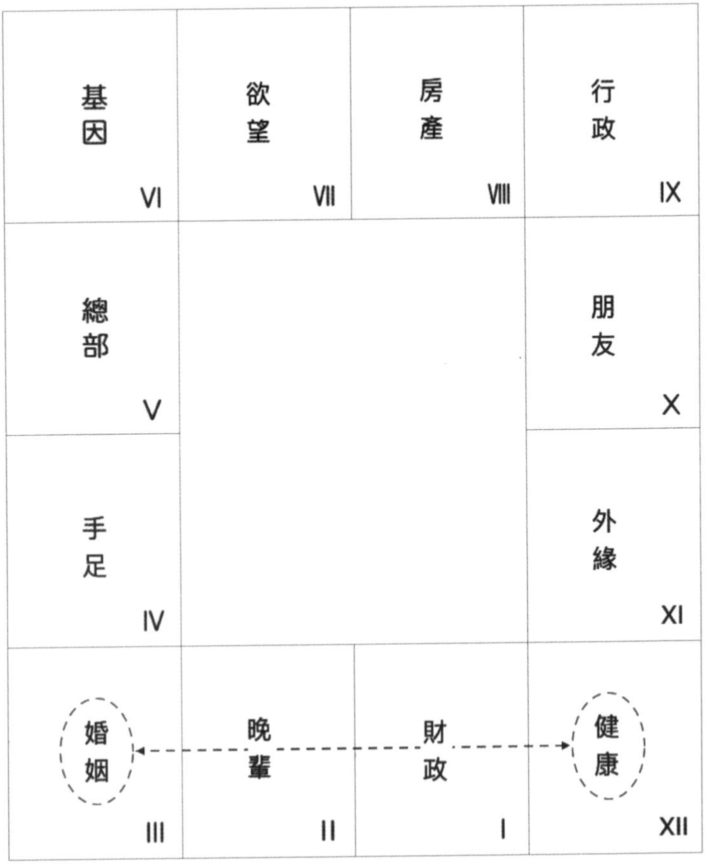

圖 5-3　婚姻區塊暗合健康區塊。

4. 晚輩區塊暗合財政區塊（參看圖5－4）

代表當事人會爲了下一代而努力打拚，例如自己努力工作省吃儉用，就爲了讓孩子出國留學唸書，如果晚輩區塊的組合不錯，即使辛苦也覺得付出值得；但如果組合不良，那麼就有可能發生「三代累積，一代花空」的狀況，因此對孩子不可無底線的給予，必須設立停損點，以免晚景淒涼。

5. 基因區塊暗合行政區塊（參看圖5－5）

這個暗合關係，代表當事人所從事的工作多與長輩息息相關，例如當事人承接上一代的衣缽，或是繼承家傳事業。以星曜的組合而言，若是基因區塊的星曜較強，則可得到父母的資源及協助，亦代表當事人在言行上多會參考父母的意見；而如果行政區塊內的星性較強，則代表當事人在工作中能獨當一面，萬一有煞星、阻礙星來合，與長輩之間也多有意見上的衝突，彼此溝通困難。

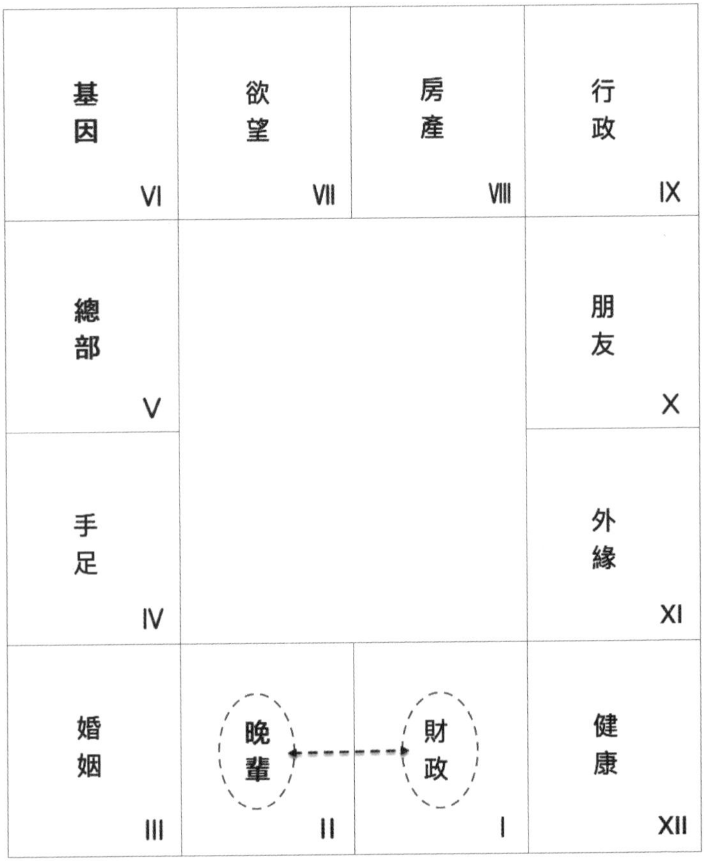

圖 5-4　晚輩區塊暗合財政區塊

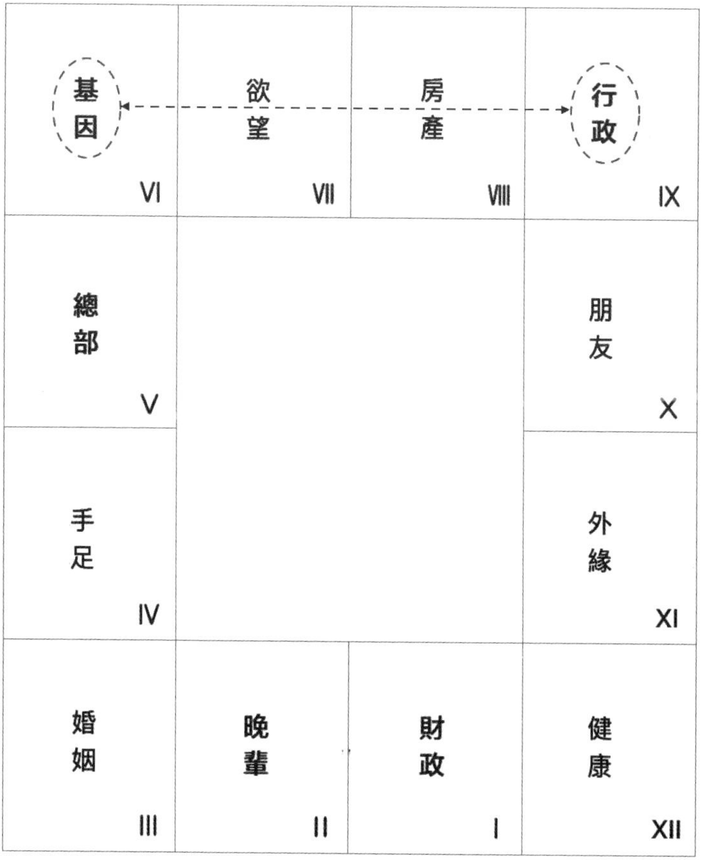

圖 5-5　基因區塊暗合行政區塊。

6. 欲望區塊暗合房產區塊（參看圖5－6）

這代表當事人的情緒很容易受到家庭狀況的影響，或容易爲家中事務操心，進而影響到心情起伏。若是組合不錯，則影響力有限，情況尚能克服；反之，若是組合不良，或有煞星、阻礙星來干擾，則情況加重，當事人必然因爲家中的壓力，時常造成情緒不穩，或是如同啞巴吃黃蓮一樣，有苦說不出的無奈。

總部位於Ⅵ、Ⅻ位

1. 總部暗合房產區塊（參看圖6－1）

總部與房產區塊暗合，代表當事人多受家庭因素的牽絆，而影響行爲模式。若以格局理論來說，總部位於四馬地（III、VI、IX、Ⅻ），當運再走到四馬地時，必定奔走他鄉，但爲什麼有些人就是走不了呢？關鍵就在這裡。

以未婚者而言，多半受家庭的牽絆，對父母的罣礙；已婚者則多

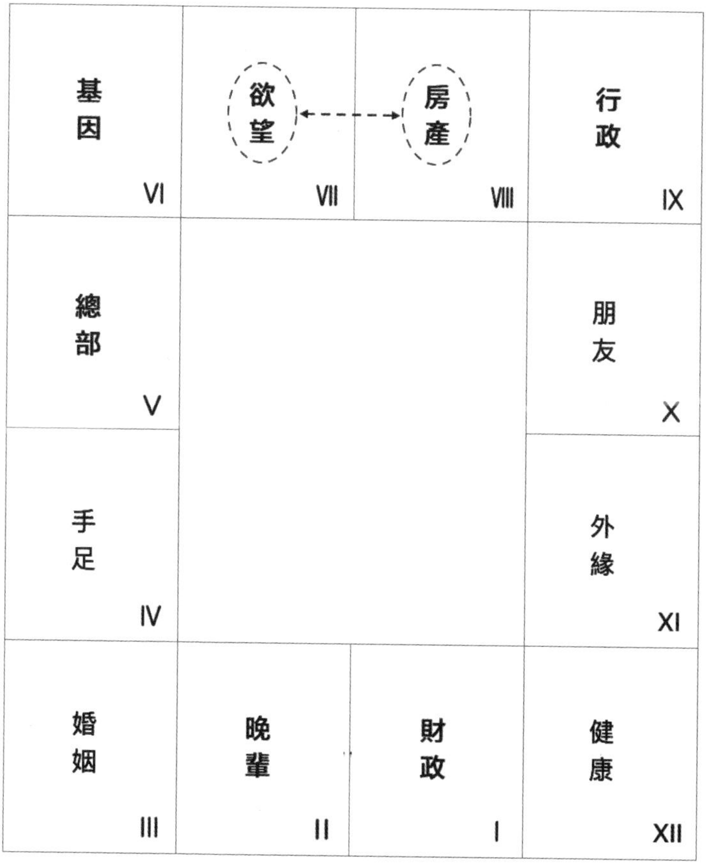

圖 5-6　欲望區塊暗合房產區塊。

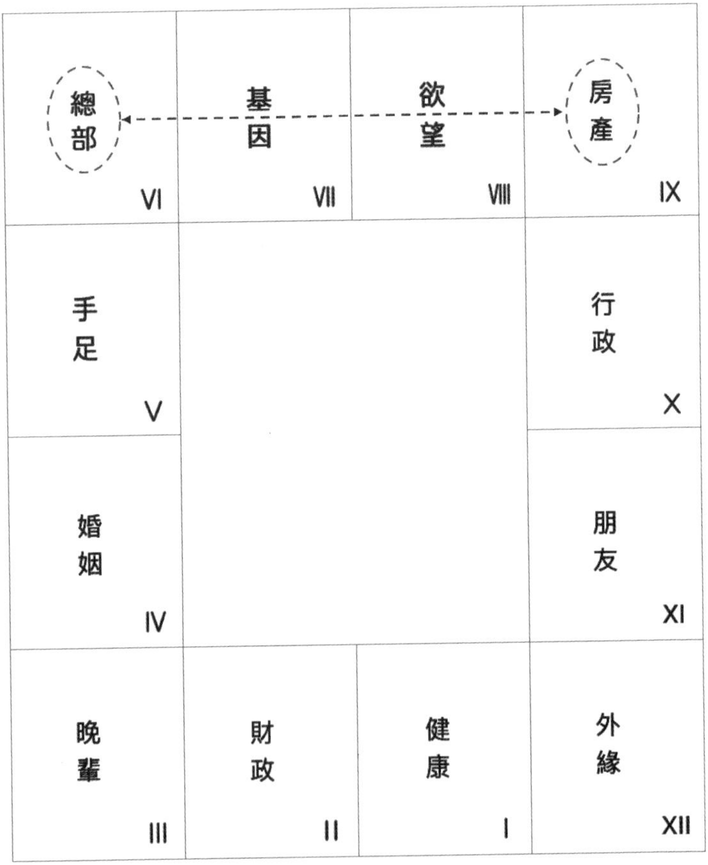

圖 6-1　總部暗合房產區塊。

半是爲了子女所做的考量，此爲當事人心中放不下的重要因素，因而行動受限。

若房產區塊的星性較強，則牽絆的力道也跟著加強；但若是有煞星、阻礙星來干擾，則是加重當事人奔走他鄉的推力，帶來的反而不是牽絆，而是一種壓力。

2. 手足區塊暗合行政區塊（參看圖6－2）

手足區塊與行政區塊暗合，代表當事人與手足之間有共處工作的可能，或是合夥共創事業，彼此間可各司其職且相輔相成。

但若組合不良，則不宜同一處工作，否則當事人與手足之間反而容易勾心鬥角、彼此怨怪，勉強合夥、合作反而不歡而散，不如各自努力來得更有發展。

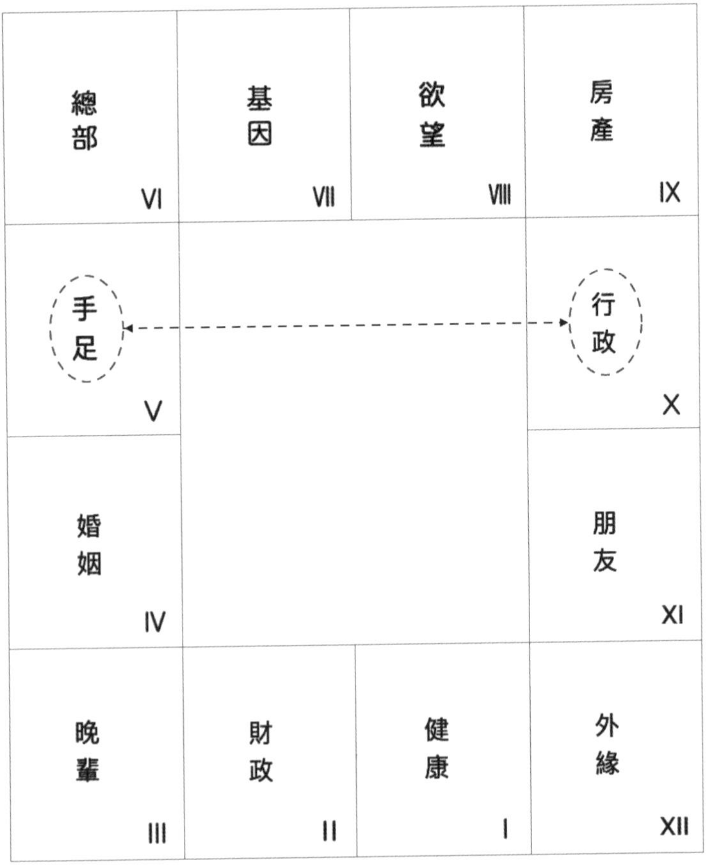

圖 6-2　手足區塊暗合行政區塊。

3. 婚姻區塊暗合朋友區塊（參看圖6－3）

這類暗合組合，感情對象多半是透過朋友的介紹或安排認識，這樣促成的機率反而較高，自己在外結識、邂逅所認識的對象，成功交往的機率反而較低。

婚姻區塊暗合朋友區塊，代表當事人的另一半和自己朋友的互動狀況，若是星曜組合平穩，代表另一半與自己的朋友關係還算不錯，平時多有往來；但若是組合不佳，則與自己的朋友多有意見之爭，或有相互看不順眼的現象。組合之中若再有煞星、阻礙星來干擾，則不宜合夥投資，否則必然因此蒙受損失。

4. 晚輩區塊暗合外緣區塊（參看圖6－4）

代表當事人出門在外多會考慮子女的立場，或是爲子女的將來著想，四處奔走努力，日夜繁忙。

這類的暗合，晚輩區塊的組合狀況相當重要，若是星曜組合良

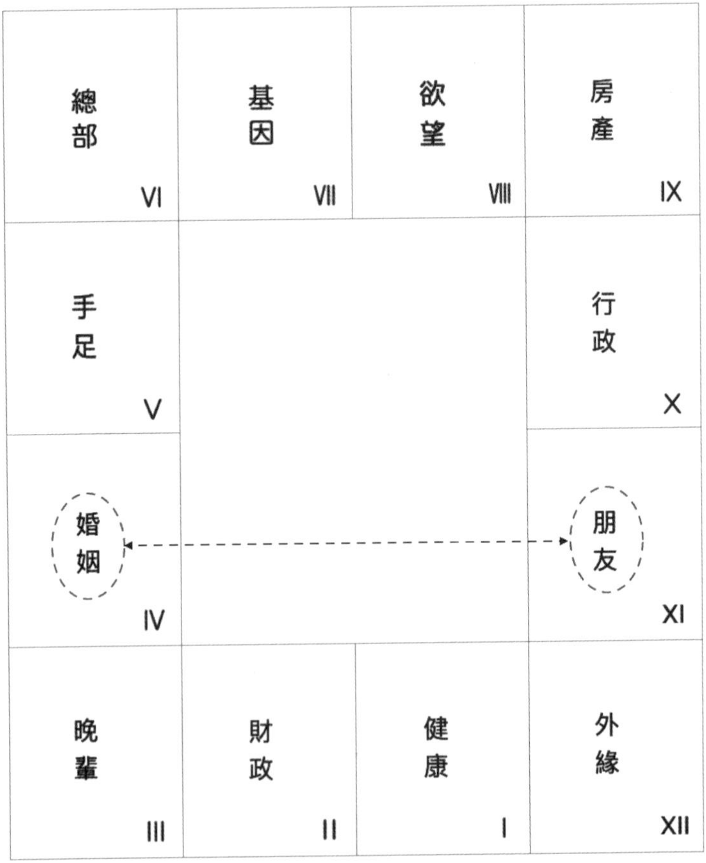

圖 6-3　婚姻區塊暗合朋友區塊。

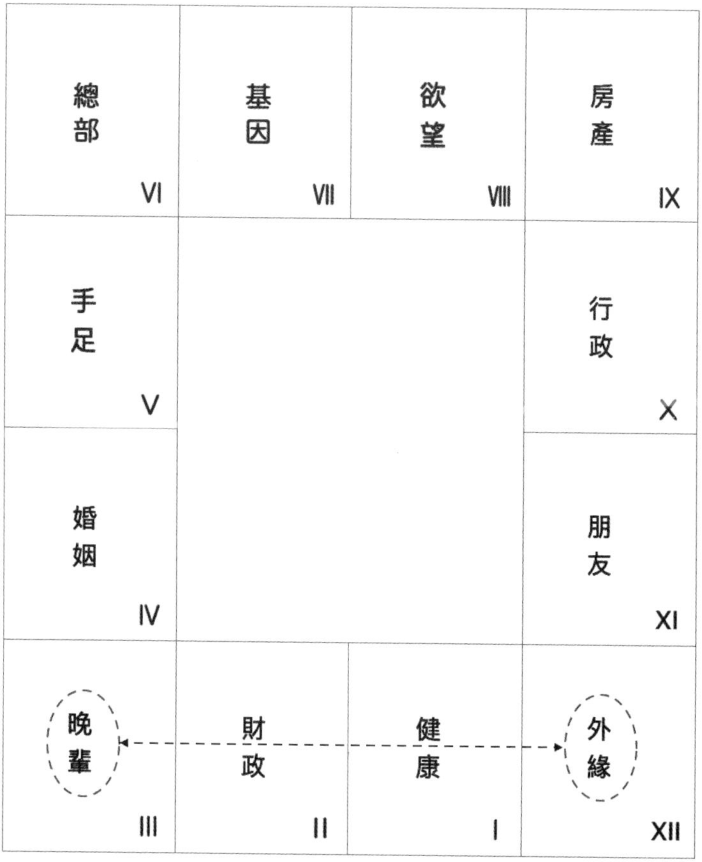

圖 6-4　晚輩區塊暗合外緣區塊。

好，子女成器且多有反哺回饋之心，當事人的付出堪以告慰；但萬一組合不良，甚至有煞星、阻礙星來干擾，那麼努力和付出可說是有去無回，甚至可能因爲子女的行爲偏差，影響到當事人的人際關係和名譽。

5. 財政區塊暗合健康區塊（參看圖6－5）

代表當事人的體質狀況會影響到賺錢的動力，並且很有可能把錢花在治療或保養身體上。也就是說，大半生努力賺來的財富，待年紀大了之後，反而多用在醫療身體疾病上，倘若健康區塊的組合不良，此種情況則會更明顯。

反之，若健康區塊星曜較強，代表身體的抵抗力強，相對地影響力也會較爲減弱。

而通常會有這種組合盤的出現，亦代表當事人多有隱藏性的疾病，並可能因爲長時間勞累，積勞成疾，因此後天身體的調養顯得更爲重要。

6. 基因區塊暗合欲望區塊（參看圖6－6）

代表當事人的情緒容易受到父母的影響，而父母也會因爲當事人的行爲，影響到心情的好壞。

因此，在星性的組合中要特別留意，倘若欲望區塊的星性較強，代表當事人的主觀較強，行爲上多是我行我素，父母方面能影響當事人的層面有限；反之，若是基因區塊的星性較強，多半對當事人採取命令式教育，即使當事人心中百般無奈，但也無法反抗，只能言聽計從。

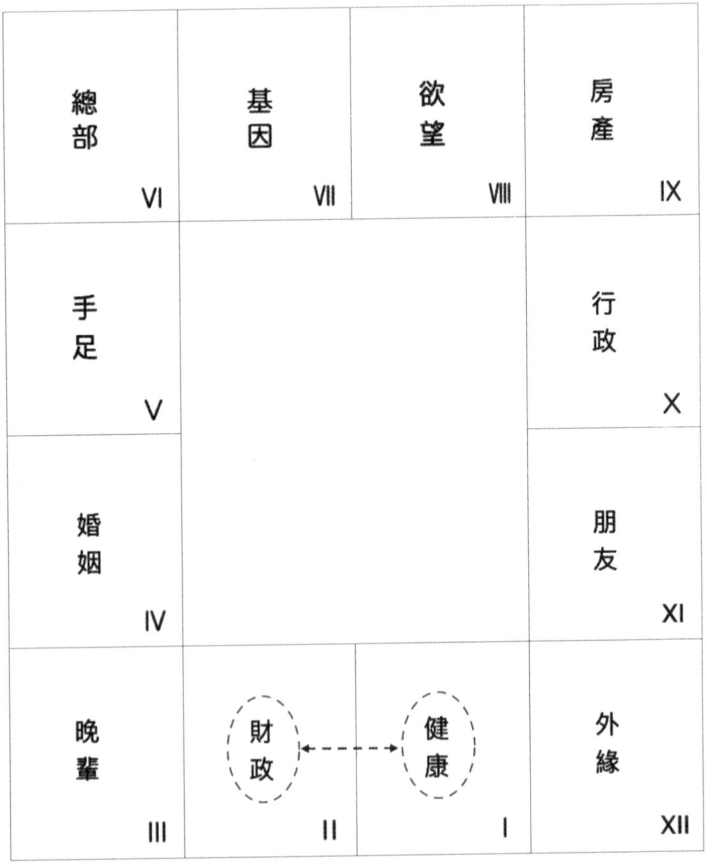

圖 6-5　財政區塊暗合健康區塊。

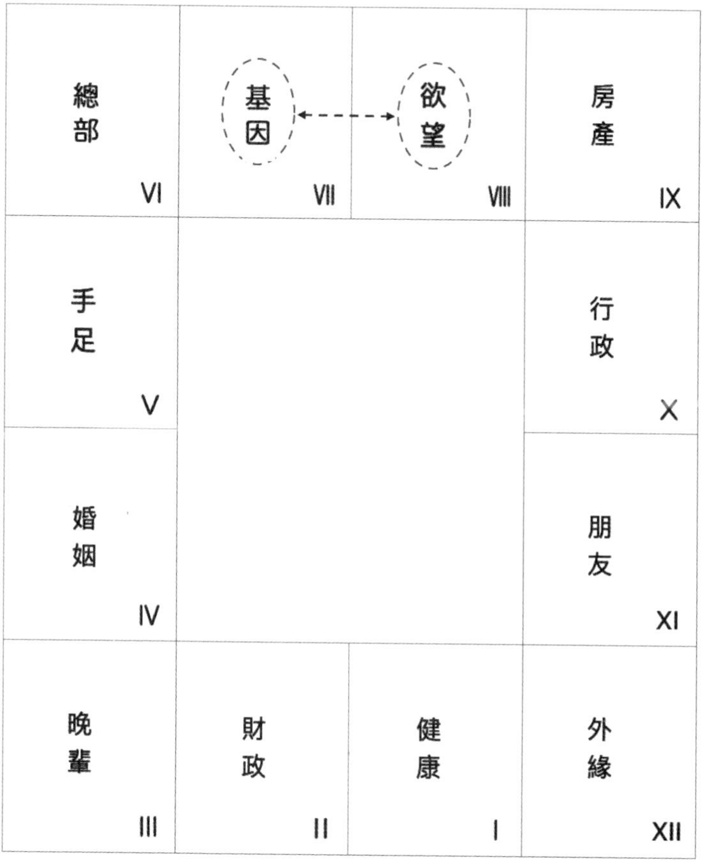

圖 6-6　基因區塊暗合欲望區塊。

作者啓示

爲服務喜歡本學術之讀者，特成立下列配套措施，讀者可隨喜選用。

1獨家授權「社團法人中華民國占驗紫微學會」爲本學術之傳承、師資培訓及授證機構。

2獨家授權「星都企業有限公司」爲本學術相關之排盤軟體、性向分析圖表等之下載、網路服務等等。

欲進一步瞭解，請至 www.skyfate.tw

國家圖書館出版品預行編目資料

東方星理學．星曜變異篇／天乙上人著 .-- 初版 .-- 臺北市：春光出版，城邦文化事業股份有限公司出版：英屬蓋曼群島商家庭傳媒股份有限公司城邦分公司發行，2023.01
面： 公分

ISBN 978-626-96812-2-8（命理開運：軟精裝）
1. 紫微斗數

293.11 111018758

東方星理學❹【星曜變異篇】

作　　者／天乙上人
企劃選書人／劉毓玫
責任編輯／王雪莉
內文編輯／劉毓玫

版權行政暨數位業務專員／陳玉鈴
資深版權專員／許儀盈
行銷企劃／陳姿億
行銷業務經理／李振東
副總編輯／王雪莉
發　行　人／何飛鵬
法律顧問／元禾法律事務所　王子文律師
出　　版／春光出版
台北市104中山區民生東路二段141號8樓
電話：(02) 2500-7008　傳真：(02) 2502-7676
部落格：http://stareast.pixnet.com/blog　E-mail：stareast_service@cite.com.tw
發　　行／英屬蓋曼群島商家庭傳媒股份有限公司城邦分公司
台北市中山區民生東路二段141號11樓
書虫客服服務專線：(02) 2500-7718．(02) 2500-7719
24小時傳真服務：(02) 2500-1990．(02) 2500-1991
服務時間：週一至週五9:30-12:00．下午13:30-17:00
劃撥帳號：19863813　戶名：書虫股份有限公司
讀者服務信箱E-mail: service@readingclub.com.tw
歡迎光臨城邦讀書花園　網址：www.cite.com.tw
香港發行所／城邦（香港）出版集團有限公司
香港灣仔駱克道193號東超商業中心1樓
電話：(852) 2508-6231　傳真：(852) 2578-9337
E-mail : hkcite@biznetvigator.com
馬新發行所／城邦（馬新）出版集團【Cite(M)Sdn. Bhd.(458372U)】
41, Jalan Radin Anum, Bandar Baru Sri Petaling,
57000 Kuala Lumpur, Malaysia.
電話：(603) 90578822　傳真：(603)90576622　E-mail：cite@cite.com.my.

封面設計／鍾瑩芳
內頁排版／游淑萍
印　　刷／高典印刷有限公司

■ 2023年1月5日初版
Printed in Taiwan

售價／599元

ISBN 978-626-96812-2-8

廣　告　回　函
北區郵政管理登記證
台北廣字第000791號
郵資已付，免貼郵票

104台北市民生東路二段141號11樓

英屬蓋曼群島商家庭傳媒股份有限公司
城邦分公司

請沿虛線對折，謝謝！

愛情・生活・心靈
閱讀春光・生命從此神采飛揚

春光出版

書號：OC0090C　書名：東方星理學❹・星曜變異篇

請於此處用膠水黏貼

讀者回函卡

謝謝您購買我們出版的書籍！請費心填寫此回函卡，我們將不定期寄上城邦集團最新的出版訊息。

姓名：＿＿＿＿＿＿＿＿＿＿＿＿＿＿＿＿

性別：□男　□女

生日：西元＿＿＿＿＿＿年＿＿＿＿＿＿月＿＿＿＿＿＿日

地址：＿＿＿＿＿＿＿＿＿＿＿＿＿＿＿＿

聯絡電話：＿＿＿＿＿＿＿＿＿＿　傳真：＿＿＿＿＿＿＿＿＿＿

E-mail：＿＿＿＿＿＿＿＿＿＿＿＿＿＿＿＿

職業：□1.學生 □2.軍公教 □3.服務 □4.金融 □5.製造 □6.資訊

□7.傳播 □8.自由業 □9.農漁牧 □10.家管 □11.退休

□12.其他＿＿＿＿＿＿＿＿＿＿

您從何種方式得知本書消息？

□1.書店 □2.網路 □3.報紙 □4.雜誌 □5.廣播 □6.電視

□7.親友推薦 □8.其他＿＿＿＿＿＿＿＿＿＿

您通常以何種方式購書？

□1.書店 □2.網路 □3.傳真訂購 □4.郵局劃撥 □5.其他＿＿＿＿＿＿

您喜歡閱讀哪些類別的書籍？

□1.財經商業 □2.自然科學 □3.歷史 □4.法律 □5.文學

□6.休閒旅遊 □7.小說 □8.人物傳記 □9.生活、勵志

□10.其他＿＿＿＿＿＿＿＿＿＿

請於此處用膠水黏貼